처음
만나는
동양
고전

아포리아는 사람의 길을 찾기 위한 (주)도서출판 아름다운사람들의 인문 브랜드입니다.
아포리아는 그리스어로 '해결하기 어려운 상황'이나 '막다른 골목'을 의미하면서도
바로 그런 상황에서 진리를 찾아 떠나게 되는 경우를 뜻합니다.

처음 만나는
동양 고전

초판 1쇄 발행 2013년 7월 19일
초판 2쇄 발행 2013년 11월 15일

지은이 김경윤

책임편집 김초희
책임디자인 유영준

펴낸이 이상순
주간 서인찬
편집장 박윤주
기획편집 유명화, 주리아, 김설아
디자인 최성경, 박희정
마케팅 홍보 김미숙, 이상광, 권장규, 박성신, 박순주

펴낸곳 (주)도서출판 아름다운사람들
주소 (413-756) 경기도 파주시 회동길 103
대표전화 031-955-1001 **팩스** 031-955-1083
이메일 books777@naver.com
홈페이지 www.books114.net

ⓒ2013, 김경윤
ISBN 978-89-6513-241-7 13150

이기적 나와 이타적 나의 갈림길에서

처음 만나는 동양 고전

김경윤 지음

아포리아

한 철학자는 인문학을 정의하기를 '인간의 결에 대한 학문'이라 했습니다. 살결처럼 만져지고 숨결처럼 느껴지며 마음결처럼 보이지는 않지만 감지되는, 온갖 결의 집합이 인간이라고 생각한다면 고개가 끄덕여지는 말이지요. '결'을 '주름'이라 생각해보면, 사람의 주름이 사람의 인간됨을 감지하는 코드로 작동할 수도 있겠구나 싶습니다. 상상력을 펼쳐보면 문학은 인간 감성의 결이고, 철학은 인간 이성의 결이며, 역사는 인간 삶의 결이라고 정의할 수도 있겠습니다. 그 결을 만지고 느끼며 음미할 줄 알게 해주는 것이 인문학이겠지요.

이 책에서는 동양 사상가 스물여덟 명을 만날 것입니다. 사람마다 결이 다르니, 삶의 강도도 깊이도 방향도 다르겠지요. 시대의 풍광에 따라 삶의 거처도 다르니, 생각의 모습도 각기 다를 것입니다. 그분들을 방 세 개에 따로 모셔봤습니다. 세 방의 이름을 각각 인간(人), 사회(地), 우주 (天)라 붙였습니다. 우리가 살고 있는 세상이 이 세 범주에 포함될 수도 있겠구나 싶어서요.

인간(人)의 방은 주로 이기적 나와 이타적 나에 대해 고민하는 방입니다. 무엇보다도 인간의 마음과 갈등을 다루고, 그 마음 다스림으로 삶을 살아갔던 사상가들과 그들의 책을 소개하려고 했습니다. 사회(地)의 방 에서는 반대로만 가는 세상 속에서 시대의 바람과 그에 따른 사회의 모 색에 주력했던 사상가들을 소개합니다. 동양 역사의 격동기를 살아갔던 사람들을 만나게 될 것입니다. 우주(天)의 방에서는 우주와 인간의 원리 에 대해 무엇이 같고 다른지 고민했던 사상가들을 소개합니다. 어찌 보 면 가장 큰 스케일로 생각했던 분들이겠네요.

인문학적 글을 쓰는 이유는 결국 자신으로 돌아오기 위함이라고 생각 합니다. '책(사상가)과 나의 대화'가 인문학적 태도라 할 수 있습니다. 글쓰 기의 자리에 '나'가 빠지면 그저 한갓 정보에 해당할 뿐 성찰의 길은 요원 하다는 생각에, 불가분 '나'가 많이 노출되어 있습니다. 양해해주시길 바 랍니다. 그렇게 노출된 '나'의 생각에 동의하실 필요는 없습니다. 오히려 글에 나타난 수많은 '나'의 자리를 비우고, 여러분의 자리를 마련하시기 바랍니다. 제가 바라는 것은 제가 많은 사상가를 만나며 '나의 생각'을 써

나가듯이, 여러분도 여러분의 글을 써보시라는 겁니다. 그래서 수많은 '나'의 생각이 이루어내는 차이의 화음이 혹은 불협화음이 넘쳐나기를 기대합니다. 제 글은 그중 보잘것없는 하나의 시도에 불과하니까요.

막상 책으로 엮고 보니 저의 거친 생각과 삶의 주름이 많이 보입니다. 아는 만큼 사는 것이 삶의 이치인데, 말만 많고 삶이 부족하다는 생각에 부끄럽기까지 합니다. "아는 자는 말하지 않고, 말하는 자는 알지 못한다"라고 노자는 말했건만, 늘 역부족이네요. 조금씩 삶으로 부족한 부분을 채워나가도록 노력하겠습니다.

이번 책에 묶인 글들은 대부분 「삶이 보이는 창」에 연재되었던 것들입니다. 5년 가까이 연재한 글을 책으로 낼 수 있게 해준 〈삶창〉 식구들에게 감사의 말씀을 전합니다. 그분들의 지지와 응원이 아니었다면 게으름이 특기인 제가 책의 분량을 채우기는 힘들었을 것입니다. 아울러 연재되었던 제 글을 애정으로 읽고 책을 내보자며 격려해준 〈아포리아〉 식구들에게도 정말 고맙다는 말을 전하고 싶습니다. 글을 쓰는 것과 책을 내는 것은 천양지차의 일이라 참으로 어려운 과정이 따릅니다. 글이 씨앗이라면 책은 열매와 같지요. 씨앗을 심고, 물을 주고, 자라게 해서, 열매까지 맺게 하는 데에는 필자의 노력만큼이나 공력이 필요함을 늘 절감합니다. 출판사에 갈 때마다 놀라운 유머 감각으로 환대해주고, 나를 키우는 충고를 아낌없이 해주는 서인찬 주간과 이상순 대표에게 특히 감사드립니다.

글을 쓰면서 처음에는 책 한 권 내보는 것이 소망이었는데, 어느덧 아홉 번째 책을 내게 되었습니다. 제가 낸 책이 어디로 흘러 어디로 가는지 감지할 수는 없으나, 부디 좋은 사람 만나 좋은 인연이 맺어지길 소망합니다. 틱낫한 스님은 한 장의 종이 속에 우주의 삼라만상이, 구름과 나무와 비가, 그리고 그대와 내가 들어가 있다고 말합니다. 보이십니까? 그렇게 우리는 이 책으로 시절인연을 맺었네요. 감사합니다.

2013년 7월, 일산에서
김경윤

차 례

02 사 회 : 반대로만 가는 세상, 순응할까 맞설까

03 우 주 : 우주와 인간의 원리, 무엇이 같고 다를까

01 인간

이기적 나와
이타적 나의 갈림길에서

人

인간 밖의 세상과 인간 속의 세상 중 어느 것이 더 복잡하고 클까요? 개인과 사회 중 어느 것이 더 중요할까요? 사람은 사람들 사이에서 살 수밖에 없고, 그렇기에 사회적 존재라고 말하지만, 사람의 가치를 사회가 온전히 드러내는 것은 아닙니다. 그렇기에 인문학의 가장 오래된 주제이면서 현대적 주제가 바로 사람의 본성과 내면 그리고 심리의 문제이며, 인문학의 임무는 복잡한 세상 속에서 살면서도 간직해야 할 자존의 힘을 확보하는 것이겠지요.

이 장에서는 춘추전국시대에 개인의 가치를 무엇보다 중요시했던 양주와 장자, 불교를 만든 싯다르타, 한 제국 이후에 인도에서 들어온 불교를 중국에 뿌리내리게 한 불교 사상가 길장과 현장, 달마와 혜능 그리고 유학의 한 흐름으로 인간의 마음에 주목했던, 그래서 심학心學이라고 불리기까지 하는 양명학자 육구연, 왕수인, 이지를 소개합니다. 이들의 생각을 따라가면서 이들을 거울로 삼아 여러분의 생각을 비춰보시길 바랍니다.

행복한
이기주의자

양주

역사 속에서 항상 개인은 있어왔습니다. 하지만 '개인'이 역사적 담론으로 등장한 것은 근대 이후의 일입니다. 그 이전에는 '계층'이나 '계급'의 형태로 인식되었지요. 근대 이전의 역사 속에서 개인에 대한 담론을 찾는 것은 모래 속에서 바늘을 찾는 것처럼 거의 불가능한 일에 가깝습니다. 특히 나라의 흥망성쇠가 조변석개朝變夕改하고, 군주가 자신의 통치를 강화하기 위한 이데올로기를 확장해야만 했던 전국시대에 개인에 대한 담론을 이야기하는 것은 참으로 특이한 사례라고 할 수 있지요. 양주楊朱, BC440~BC360라는 인물을 처음으로 소개하는 이유가 바로 여기에 있습니다.

"어떻게 하면 잘 살게 됩니까?"

"하고 싶은 대로 버려둘 따름입니다. 틀어막아도 안 되고 가로막아도 안 됩니다."

"그 자세한 내용은 어떤 것입니까?"

"귀가 듣고 싶어하는 대로 멋대로 듣게 하고, 눈이 보고 싶어하는 대로 멋대로 보게 하고, 코가 냄새 맡고 싶어하는 대로 멋대로 맡게 하고, 입이 말하고 싶어하는 대로 멋대로 말하게 하고, 몸이 편안하고자 하는 대로 멋대로 편하게 하고, 뜻이 행하고자 하는 대로 멋대로 하게 버려두는 것입니다."

_『열자列子』

『열자列子』 「양주楊朱」 편에 나오는 안영晏嬰과 관중管仲이 나누는 대화지요. 비록 화자는 다른 사람이지만 양주의 입장을 잘 대변하고 있다고 보면 됩니다. X세대의 슬로건이라 할 수 있는 '네 맘대로 해라'라는 메시지를 고전에서 발견하는 놀라움이 있습니다. 시대를 넘나드는 이 '내비 둬Let it be' 정신!

때는 바야흐로 전국시대. 주나라의 기운이 쇠하던 BC770년부터 진나라가 중국을 통일하는 BC221년까지, 550여 년은 중국 대륙이 피바람으로 물든 시대이자 전쟁의 시대입니다. 우리는 그때를 춘추전국시대라 하지요. 그중에서도 전국시대는 강대국들이 상대방의 영토를 넘보고 침략하는 전쟁의 극성기였습니다.

그 전국시대의 중간이 양주가 활동한 시기입니다. 양주는 위나라 사람으로 양자楊子, 양자거楊子居, 양생楊生이라고도 불리지요. 그의 탄생과 죽음에 대해서는 정확히 알려지지 않았습니다. 하지만 맹자가 활동하던 시기의 가장 대중적인 사상가로 널리 알려져 있으며, 맹자 역시 그와 대결하지 않으면 안 될 정도로 그의 사상은 영향력을 행사하고 있었습니다.

그의 사상을 흔히 위아설爲我說이라고 합니다. 현대식으로 보면 '이기주의'라는 말과 짙게 교집합을 형성하는 이 말은 "털 하나를 뽑아 온 천하가 이롭게 된다 하더라도 그렇게 하지 않는다(拔一毛而利天下不爲)"라는 말로 널리 알려져 있습니다. 물론 세성을 근심하고 정의로운 사회를 구성하려 했던 맹자의 시선에 그가 좋게 보이지는 않았을 것입니다. 맹자는 양주의 사상을 일컬어 "사악한 설이 떠돌면서 사람들을 속이고 인의의 도를 가로막고 있다"라고 하면서 '양주는 자기만을 위하므로 이는 임금이 없음을 뜻하는 것(無君)'이라고 혹평하였습니다.

하지만 맹자의 혹평을 뒤집어 생각해보면, 전국시대 민중의 양상을 달리 상상해볼 수도 있습니다. 맹자가 유교적 이념으로 세상에 나아가려 했지만 이미 세상에는 양주의 사상이 유행하고 있었으니까, 지배자의 이데올로기가 민중의 깊숙한 곳까지 침투하지 못했다고 판단할 수 있는 것이지요. 그렇다면 전쟁과 혼란의 소용돌이 속에서도 민중은 자신을 위한 이데올로기가 무엇인지 직감했다는 것이고, 양주의 이기주의 사상이 퍽이나 널리 옹호되고 있었다는 발랄한 상상을 하게 됩니다. 임금 따위는 아랑곳하지 않고 자신의 행복과 욕망을 따르려는 '사악한' 흐름이 확산되어가는 모습을 상상만 해도 즐거워집니다. 이러한 모습에 당황스러워하는 맹자의 모습도 떠오르고요.

물론 양주에 대한 혹평만 있는 것은 아닙니다. 중국 통일의 이론적 기초를 세운 한비자는 양주에 대해 "위험한 성에는 들어가지 않았고, 군대에는 머무르지 않았고, 천하에는 큰 이익을 위해 자기 정강이의 털 한 올과도 바꾸지 않았다"라고 서술한 뒤, "그는 물物을 가볍게 여기고, 삶(生)을 중히 여기는 경물중생의 선비다"라고 평가했습니다. 또한 『회남자淮南子』에서는 양주의 사상을 "생명을 온전하게 하여 그 진수를 보존하며 한갓 물질 때문에 누를 끼치지 않게 하는데, 이것이 양자가 수립한 학설이다"라고 기록해놓았습니다. 그리고 『열자』에서는 아예 전체 여덟 편 중 한 편을 뚝 떼어 양주를 소개하였으니, 우리는 잘 모르는 양주가 당시에는 문제적 인물이었던 것만은 분명합니다.

양주는 왜 이기주의적 노선을 선택했을까요? 양주가 이기주의적 견해를 취했던 대전제는 '삶의 짧음과 죽음의 덧없음'입니다.

양주는 말했다. "백 년이란 사람 목숨의 최대 한계여서, 백 년을 사는 사람은 천 명에 하나 꼴도 안 된다. 설사 한 사람이 있다 하더라도 어려서 엄마 품에 안겨 있던 때와 늙어서 힘없는 때가 거의 그 삶의 절반을 차지할 것이다. 밤에 잠잘 때 활동이 멈춰진 시간과 낮에 깨어 있을 때 헛되이 잃은 시간이 또 거의 그 나머지 삶의 반을 차지할 것이다. 아프고 병들고 슬퍼하고 괴로워하며 자기를 잃고 근심하고 두려워하는 시간이 또 거의 그 나머지 삶의 반은 될 것이다. (…) 황망히 한때의 헛된 영예를 다투면서 죽은 뒤에 남는 영광을 위해 우물쭈물 귀와 눈으로 듣고 보는 것을 삼가고, 자기 자신의 뜻에 따라 옳고 그른 생각을 애석하게 여겨 공연히 좋은 시절의 지극한 즐거움을 잃으면서 한시도 자기 마음대로 행동하지 못한다. 형틀에 매어 있는 중죄수와 무엇이 다른가?"

『열자』

욕망에 충실하지 않고 명예나 출세를 좇다 형틀에 매인 중죄인처럼 살고 있다는 양주의 당대 진단이 낭대에만 적용되는 것일까요? 그 대신 양주는 남 눈치 보지 말고 자신을 돌보라고 말합니다. 이를 '경물중생輕物重生'이라 하는데, 이를 좀 살펴보지요.

한자에서 엿보이듯이 양주는 '물物'을 가볍게 여기고 '생生'을 중히 여기는 사람입니다. 이때의 '물'은 외부적 조건 또는 유혹이라 말할 수 있겠네요. 사실 우리 삶의 모습을 결정하는 대부분이 바로 이러한 외부적 조건 혹은 유혹 아닐까요? 경제적인 유혹, 성공이나 명예 또는 권력을 지향하는 욕구, 남에게 더 잘 보이고 싶은 욕망 등등. 이 모든 것이 우리를 유혹하고 있습니다. 그리고 우리는 이러한 것들을 얻기 위해 온갖 위험을 마다하지 않으며 살아갑니다. 그런 욕망에 사로잡혀 살다보면 결국 우리는 본연의 자신을 잃어버리고 괴물이 될 수도 있는데 말이지요. 괴물을 뜻하는 영어 '몬스터monster'의 어원을 살펴보면 '자연법칙을 어기는 자'라는 뜻이 담겨 있다고 합니다. 순리에 따르지 않고 지나치게 커져버린 존재가 바로 괴물이지요.

또는 '물'을 사물이라고 단순하게 해석할 수도 있을 것 같습니다. 최인호의 소설 『타인의 방』에 나오는 주인공처럼, 점점 석화되어버려 결국은 아내에게마저 버려지고 마는 사물처럼 말입니다. 칼 마르크스Karl Heinrich Marx는 사람과 사람 사이의 관계가 물건과 물건 사이의 관계로 변해버렸음을 일컬어 '물화物化, Versachlichung'라고 표현했는데, 이 '물화' 역시 양주의 사상을 설명하는 데 잘 어울리는 개념 같습니다.

철학을 포함하여 광범위한 분야를 연구했던 철학자 테오도어 아도르노Theodor W. Adorno는 현대사회의 특징을 '표준화'라고 말합니다. 대량 생산과 대량 소비가 가능하게 된 현대사회에서 상품이 표준화되어가듯이 대중문화 역시 언제든지 대체 가능한 형태로 생산된다는 거지요. 그리고 동시에 이를 소비하는 현대인 역시 표준화되어갈 수밖에 없는 운명에 놓이게 됩니다. 그래서 그는 현대인을 자발성을 박탈당하고 조건반사만 남아 있는, 이제는 다른 어떤 사람과도 대체될 수 있는 '부속품'일 뿐이라고 보았습니다.

전국시대에 성공하는 길은 아마도 전쟁에 나가 공훈을 세우고 벼슬을 얻거나, 그 와중에 돈을 많이 벌어 부자가 되는 것이었을 겁니다. 군대의 속성상 군사는 개별적인 존재로 서 있는 것이 아니라 지위와 역할에 따라 상명하복上命下服하는 물화된 존재일 수밖에 없습니다. 설령 전쟁 중에 군사가 죽었다 하더라도 전쟁을 지속하고 승리하기 위해서는 그 군사의 자리에 다른 군사를 대체해야 하는 것이 바로 전쟁의 속성입니다.

군주는 군사를 모으기 위해 전쟁에서 승리하면 이러저러한 것을 해주겠다는 약속을 했을 것입니다. 그러나 죽음이라는 늪 속에 빠져 들어간 사람에게는 그러한 약속의 대부분은 소용이 없었겠지요. 온갖 감언이설로 우리를 유혹하지만, 결국은 우리를 죽음의 늪으로 몰고 가는 그러한 사태, 그것이 비단 전국시대만의 일이겠습니까?

이러한 사태에 양주는 이렇게 말했을 겁니다. "너를 죽음으로 몰고 가는 외부의 유혹을 무시해라. 그 유혹이 아무리 달콤한 것일지라도 넘어가지 마라. 너의 삶은 소중한 것이니 다른 것과 맞바꾸지 마라. 설령 세상을 다 준다 해도, 세상이 모두 네 것이라 해도! 너의 삶은 다른 어떤 것과 교환할 수 있는 것이 아니다. 너의 삶은 세상과도 바꿀 수 없는 소중한 것이다. 너의 고유한 삶을 살아라. 외부의 유혹에 귀를 막고, 너의 소리에 귀를 기울여라. 다른 사람이 원하는 삶이 아니라 바로 네가 원하는 삶을 살아라."

저는 양주의 경물중생을 이렇게 풀이합니다. '대체 가능한 삶에서 대

체 불가능한 삶으로의 이동! 삶의 고유성singularity의 예찬!'

양주의 사상은 자신의 욕망을 따라서 살아간다고 말하지만 결국은 자본주의적 욕망에 휘둘리는 이기주의와는 아무런 관련이 없습니다. 전쟁의 시기에 반전反戰을 외치는 것은 소극적 행위가 아니라 적극적 저항입니다. 자신의 삶을 거대한 기계의 톱니바퀴에 빠져들지 않게 하려면 엄청난 용기가 필요하지요. 모두가 한 방향으로만 가고자 할 때 그 방향에서 벗어나 다른 방향으로 선회하는 것은 목숨을 건 도박과 다르지 않습니다. "우리는 민족중흥의 역사적 사명을 띠고 이 땅에 태어났다"라는 터무니없는 사회적 도덕에 맞서 "아니다"라고 말할 수 있는 고유한 개인 윤리 의식을 갖는 것은 그래서 참으로 힘든 일입니다. 국가적 권위, 종교적 위압, 도덕적 압제, 경제적 압력에 맞서 "나는 나!"를 외칠 수 있는 사람이 얼마나 될까요?

『열자』「양주」편에는 다음과 같은 말이 있습니다.

털 한 올은 피부보다 작고, 피부는 사지 하나보다 작다. 그러나 많은 털을 모으면 피부만큼 중요하고, 많은 피부를 합하면 사지만큼 중요하다. 털 한 올도 본래 몸의 만분의 일 중 하나인데, 이를 어찌 가볍게 여길 것인가. 옛사람은 털 한 올을 뽑아 천하를 이롭게 할 수 있다 해도 결코 하지 않았고, 온 천하를 맡긴다 해도 받지 않았다. 모든 사람이 털 한 올을 뽑지 않고, 또 사람마다 천하를 이롭게 하려 하지 않는다면 반드시 천하는 안정될 것이다.

『열자』

천하를 이롭게 한다는 맹목적 정의감에 사로잡혀 있던 당대의 이데올로그들에게 양주는 말합니다. "그것은 네 말이고! 나한테 그따위 거짓말은 통하지 않아. 그러니까 입 닥치고 가만히 있어. 너를 위해서는 내 털 한 올도 움직이지 않을 테다."

그 대신 양주는 누구의 삶도 아닌 자신의 고유한 삶으로 우리를 초대합니다. 물화되고 표준화된 삶이 아니라 자신의 소리에 귀 기울이는 생의 중요함을 이야기합니다. 남이 원하는 삶을 살다가 지치셨습니까? 남들과 똑같은 방향으로 가다가 회의를 느끼셨습니까? 더는 자신의 삶을 허비하고 싶지 않다는 생각이 드십니까? 그렇다면 양주를 만나십시오. 헛된 욕망을 위해서 자신의 털 한 올도 허비하지 마십시오.

괴물의
출현

장자

프란츠 카프카Kafka Franz의 소설 『변신Die Verwandlung』에서 주인공 그레고르는 어느 날 아침 흉측한 벌레로 변하게 됩니다. 이렇게 벌레로 변신한 그레고르는 그동안 정상적으로 맺었던 가족관계와 사회관계를 모두 박탈당한 채 홀로 외롭게 죽어갈 운명에 처하고 맙니다. 비극적인 변신이 아닐 수 없습니다. 게다가 그런 변신이 자기가 원한 것도 아니고, 스스로도 이해하지 못하는 부조리한 상황에서 일어났다면, 이게 바로 진정 어처구니없는 사태이겠지요.

그러나 이렇게 비극적인 변신만 있는 것은 아닙니다. 그리스·로마 신화를 보면 변신은 신의 아주 탁월한 능력 중 하나입니다. 올림포스의 최고신 제우스는 사랑하는 여인과 관계를 맺기 위해 수없이 많은 모습으로 변신합니다. 나중에 정식 아내가 된 헤라에게 다가가기 위해 비둘기로 변하는가 하면 공주 에우로파에게 접근하기 위해서 멋진 흰 소로 변하기도 합니다. 심지어 비로 변해서 자신이 원하는 여인을 취하기도 하지요. 참으로 부러운 능력이 아닐 수 없습니다.

플라톤Platon의 『국가Politeia』에 나오는 '기게스의 반지'는 자기 모습을 투명하게 만듦으로써 자신의 욕망을 마음껏 채울 수 있는 도구입니다. 고대판 투명 인간의 탄생이지요. 어찌 투명 인간뿐이겠습니까? 거미에 물려 영웅으로 변한 스파이더맨이나 멍청한 기자였다가 몇 바퀴만 돌면 모습이 돌변하는 슈퍼맨, 원더우먼 역시 변신의 귀재가 아닐 수 없습니다. 최근 들어 아예 〈트랜스포머Transformer〉라는 제목을 달고 상영된 영화는 평소에는 자동차였다가 인류가 위험한 순간에 로봇으로 변하여 인간 세상을 구하는 변신transformation의 변모를 보여줍니다.

하지만 변신의 최고치는 장자莊子, BC369~BC289의 『장자莊子』에 나옵니다. 『장사』의 첫머리에 나오는 위대한 변신 이야기 한번 들어보시겠습니까?

　'북쪽 깊은 바다'에 물고기 한 마리가 살았는데, 그 이름을 곤鯤이라 하였습니다. 그 크기가 몇천 리인지 알 수 없었습니다. 이 물고기가 변하여 새가 되었는데, 이름을 붕鵬이라 하였습니다. 그 등 길이가 몇천 리인지 알 수 없었습니다. 한 번 기운을 모아 힘차게 날아오르면 날개는 하늘에 드리운 구름 같았습니다. 이 새는 바다 기운이 움직여 물결이 흉흉해지면 남쪽 깊은 바다로 가는데, 그 바다를 예부터 '하늘 못(天池)'이라 하였습니다.

_「장자莊子」

장자의 권위자 버튼 왓슨Burton Watson은 이 대목에 이렇게 주를 달아놓았습니다. "곤은 물고기 알이다. 그러니까 장자는 역설로 시작된다. 상상할 수 있는 가장 작은 물고기가 또한 상상할 수 있는 가장 큰 물고기가 될 수 있다는 역설이다." 저는 거기에 이렇게 덧붙여보겠습니다. "아니다. 그건 약과다. 물고기 알이 물고기가 된다는 이야기는 들어보았지만 물고기가 새가 된다는 이야기는 못 들어봤을 것이다. 그것은 아예 불가능한 것이니까!"

그럼 장자는 무슨 이야기를 하려고 이렇게 엄청난 거짓말을 늘어놓은 걸까요?

때는 전국시대. 중국은 대륙 제패를 목표로 여러 나라가 치열하게 전쟁을 치르는 시기입니다. 그 시기에 성나라의 몽蒙에서 태어난 이가 장자입니다. 이름은 주周. 그의 경력은 알려져 있지 않으나, 후대 역사가인 사마천司馬遷의 『사기史記』에 나오는 「열전列傳」을 보면 장자가 고향에서 '칠원의 관리'를 했다고 합니다. '칠원'은 정원이라고도 하고 사냥터라고도 하지만, 뭐가 되었든 장자는 직위가 낮은 가난한 사람이었음이 틀림

없습니다. 한 나라의 사관을 지낸 노자와는 대조적이라 할 수 있습니다. 하지만 그의 가난은 '자발적 가난'이었을 가능성이 높습니다. 『장자』「추수秋水」 편에 보면 초나라 임금이 높은 벼슬을 주겠다며 장자를 초대합니다. 하지만 장자는 '신령한 죽은 거북'과 '진흙에 묻혀 사는 산 거북'을 비교하며, 자신은 진흙에 꼬리를 끌고 다닐지언정 신령한 거북으로 대접받으며 죽은 듯 살 수 없다고 말합니다. 그렇게 군주의 초대를 고사한 것입니다. 이는 장자의 반反정치적 성향을 잘 알 수 있는 사례라 하겠습니다.

일찌감치 정치와 거리를 두어서 그랬는지 모르겠지만, 그의 글에는 당시 위정자를 비판하는 내용과 전통 및 고정관념을 부수는 비유적 표현이 많이 나옵니다. 그렇게 기존 세계를 허물어뜨린 장소 위에 새로운 상상력으로 자신의 세계를 구축합니다. 그리고 그 세계로 우리를 초대합니다. 왓슨은 그 세계를 '자유freedom'라 말하고, 또 다른 장자학자 앨린슨Robert E. Allinson은 '자기 변신self-transformation' 또는 '영혼의 변화spiritual transformation'라고 표현합니다. 절충이 허락된다면, 장자의 세계는 자기 변신을 통해 자유를 누리는 세계라 할 만합니다.

그 세계로 들어가는 초대장이 바로 『장자』입니다. 장자는 우선 이론과 논리로 중무장한 철학서와는 정반대의 전략을 수립하고, 그 속 곳곳에 다이너마이트를 설치하여 우리를 무장해제시킨 다음, 전혀 다른 사고와 삶이 가능하다는 초대장을 보냅니다. 그 초대장은 마치 놀이공원에서 체험하는 온갖 놀이 기구처럼 우리의 혼을 빼놓고 정신을 잃게 만들면서 즐거운 웃음을 창조합니다.

장자가 초대하는 놀이공원 입구에는 이렇게 쓰여 있습니다. "어슬렁거리며, 마음껏 놀아라!" 제1편의 제목이 '소요유遊遙遊'인 것입니다. 그리고 처음 등장하는 이야기가 바로 맨 처음 소개한 변신 이야기입니다. 철학서가 신화로 시작된다니 당혹스럽지 않습니까? 하지만 이렇게 생각해 보시지요. 무릇 놀이공원에 들어가려면 정장 차림보다는 유쾌하고 발랄한 소풍 복장이 제격입니다. 인간의 논리력과 비판력을 우선적으로 해체하면서 새로운 상상의 세계로 들어가는 데 신화만 한 것이 없습니다. 그것은 어른의 시선을 버리고 어린아이의 시선을 회복하게 하는 것이며, 견고하게 무장된 논리의 시선에서 가볍고 경쾌한 상상의 시선을 회복하라는 장자적 장치입니다.

일상적 자아라 할 수 있는 물고기가 물을 떠나 장자적 자아라 할 수 있는 새로 변신하여 상상력의 날개를 펴고 수천 리 하늘을 날아오르니 전혀 다른 세상이 펼쳐집니다.

낮은 하늘을 날면서 매일매일 일상에 찌들어 사는 '매미와 새끼 비둘기'의 조롱을 뒤로하고 자유의 세계로 진입하자, 요 임금 같은 최고 지위에 오르려는 권력욕도 부질없어집니다. 오히려 허유許由에게 냉소의 대상이 됩니다. 또 최신 유행 상품인 모자를 팔기 위해 월나라로 떠났던 송나라 모자 장수의 원대한 포부도 물거품이 되고 맙니다. 월나라 사람들은 아예 모자를 쓰지 않기 때문입니다. 한편 기껏해야 가게 유지에나 도움이 되었던 손 안 트는 약이 한 나라의 전투에서 승리를 이끄는 결정적 도구가 되기도 하고, 너무 크기만 하고 뒤틀어져서 쓸모없던 거목이 그 쓸모없음으로 인해 모든 사람이 쉴 수 있는 거대한 그늘을 만들어내는 유용한 나무가 됩니다. 기존의 가치를 조롱하고, 오히려 보잘것없고 쓸모없었던 것들이 최고의 가치를 지닌 것으로 승격됩니다.

이 가치 역전의 여행이 천민의 입을 통해 지식인과 권력자의 삶을 조롱하는 데에 이르면, 장자가 누구 편에서 글을 썼는지 확인할 수 있습니다. 그리고 이러한 장자의 편들기는 노자가 권력 지향적이었다는 점과 대조를 이루면서 노장 철학의 스펙트럼을 한껏 넓혀놓습니다.

백정 포정庖丁은 문혜군文惠君 앞에서 소를 잡으며, 놀라운 기술技術의 비결을 묻는 문혜군에게 오히려 도道를 가르칩니다. '두께 없는 칼날'의 이치로 문혜군의 고정된 생각을 해체시킵니다. 귀신같은 솜씨를 지닌 목수 재경梓慶 역시 노나라 임금 앞에서 기술 대신에 모든 것을 잊고 대상과 '하나'가 되는 원리를 가르침으로써 임금을 놀라게 합니다. 또한 송나라의 원군元君 앞에서도 두 다리를 뻗고 벌거벗은 채 그림을 그리는 화공을 등장시켜 인습과 형식에 얽매인 당대 화풍을 조롱합니다. 심지어 수레를 깎는 노인 윤편輪扁은 제나라 환공桓公 앞에서 환공이 읽는 경전을 '찌꺼기'라고 말하는 불경을 범하여 환공의 노여움을 사지만, 도리어 노여움을 부끄러움으로 만드는 반전 드라마를 연출합니다.

그 정도에서 장자의 상상력이 끝났다고 생각하면 오산입니다. 『장자』의 히든카드는 '괴물'의 등장입니다. 그나마 천민은 사회구조의 최하층을 차지하며 조롱이라도 당하는 위치에 놓여 있었지만, 그보다 못한 장애인은 사회적 괴물로 취급받으며 구조의 바깥에서 안으로 진입조차 할수 없었습니다. 지금도 장애인의 사회적 지위가 말할 수 없을 정도인데, 그때에는 오죽했겠습니까? 그런데 바로 그러한 장애인이 『장자』에게는 최고의 경지에 오른 사람으로 등장합니다. 『노자』가 '여성과 아이의 철학'이라면, 『장자』는 '장애인의 철학'이라 할 만합니다.

강도強度가 낮은 것부터 등장인물만 간단히 소개하겠습니다. 외발이 우사와 광태, 신도가와 무지, 꼽추 지리소와 영우 그리고 광인 접여, 꼽추에다가 추남인 애태타, 심지어 절름발이에 꼽추이면서 언청이인 인기 지리무신과 항아리처럼 큰 혹부리를 지닌 옹앙대영에 이르기까지. 보기만 해도 눈살이 찌푸려지는 이 괴물들이 곳곳에 숨어 있다가 튀어나와 우리의 눈과 정신을 놀라게 만듭니다. 그래서 몸은 장애이지만 정신은 고결한 그들에 비해 몸은 멀쩡하지만 정신이 장애인 우리의 모습을 새삼 깨닫게 합니다.

이처럼 정신의 높은 곳까지 올라 바라본 세상은 우리가 정상이라고 생각해왔던 세상을 조롱하며 뒤집고 여태껏 비정상이라고 생각해왔던 세상을 애정 어린 시선으로 보게 만듭니다. 『장자』는 이 모든 진술을 얼굴 굳히고 진지하게 이야기하는 것이 아니라 마치 개그맨이 농담을 하듯 가볍고 경쾌하게 밀고 나갑니다. 『장자』에 깔려 있는 기본 정조는 바로 이 웃음과 해학입니다. 그 해학이 고정관념과 만날 때 풍자로 돈을새김되지만, 이내 제자리로 돌아와 내가 언제 그랬냐는 듯이 이야기를 돌립니다. 이 장자판 놀이공원은 그래서 우리를 자유롭게 합니다. 이 놀이공원을 경험한 사람은 대회전차를 탔을 때 높이의 아찔함과 롤러코스터를 탔을 때 속도와 각도의 위태로움을 즐기게 되고, 온갖 괴물이 출몰하는 공포의 방을 지날 때의 서늘함을 결코 잊지 못하고 다시 이 동산을 방문하게 됩니다. 일상에서 해방감을 맛보고 싶은 자 누군들 『장자』를 찾지 않겠습니까? 편견과 악습의 악순환을 끊고자 하는 자 누군들 『장자』를 벗하지 않을 수 있겠습니까?

그리하여 내가 물고기가 되고, 새가 되고, 나비가 되고, 천민이 되고, 괴물이 되는 수없이 많은 변신을 경험하면서 새로운 자유의 세계로 어느새 들어가 있는 자신을 발견할 수 있을 것입니다. 『장자』가 바로 그런 책입니다.

나는
없다

싯다르타

고등학교 시절, 꼴통 보수 예수쟁이로 살던 시절, 평소에 존경하던 목사님께 책 한 권 소개해달라고 부탁했습니다. 그 양반, 책벌레로 유명했던, 이름도 공부였던, 윤 목사님께서 당신의 서재를 둘러보시더니 얇은 책 한 권을 꺼내서 저에게 주셨지요. 그분이 건네준 책이 바로 법정法頂 스님의 『무소유無所有』였습니다. 그 책을 읽은 이후 저는 꼴통 보수 예수 쟁이의 삶을 접을 수 있었습니다. 아니 법정 스님을 따라 치기 어리게도 제가 소중하게 생각했던 책들을 모두 다른 이들에게 주어버리고 나중에 크게 후회한 적도 있었는데….

2010년 3월 11일, 그 법정 스님이 입적하셨네요. 그가 남긴 유언 중에는 "그동안 풀어논 말빚을 다음 생으로 가져가지 않기 위하여 내 이름으로 출판한 모든 출판물을 더 이상 출간하지 말아주십시오"라는 항목도 있었으니, 세간에 돌아다니는 허명虛名마저도 거두시려는 스님다운 발상이 아닐 수 없습니다.

동양 사상 중에서 오늘날까지 가장 강력한 영향력을 행사하는 이는 공자도, 노자도, 장자도 아닌 부처입니다. 부처를 중심으로 형성된 종교가 바로 불교인데, 이 불교야말로 역사적으로 중국은 물론이고 우리나라와 일본에 커다란 세력을 형성했고, 요즘은 서양 곳곳으로 세력을 확장하고 있지요. 그래서 우리나라에서도 벽안碧眼의 스님들이 불교에 정진하는 모습을 흔히 볼 수 있습니다.

보통은 부처 또는 붓디Buddha로 알려진 고타마 싯다르타Gautama Siddhartha, BC563~BC483는 사카족의 작은 나라에서 왕자로 태어났습니다. 고타마가 씨족의 성이고 싯다르타가 이름인데, 뜻은 '목적을 이룬 사람'이시요. 그가 깨달음을 얻은 후 사람들은 그를 석가모니釋迦牟尼, Sakya-muni라고 부르는데, 이는 '사카족의 성자'라는 뜻입니다. 싯다르타의 어머니 마야부인은 하얀 코끼리가 옆구리로 들어오는 꿈을 꾸고 임신을 했답니다. 싯다르타는 태어나자마자 사방으로 일곱 걸음을 걸은 뒤 오른손으로는 하늘을, 왼손으로는 땅을 가리키며 "하늘 위와 아래 오직 나 홀로 존귀하다"라고 외쳤다는데, 이 사건이 사실이 아닌 것이야 확실하지만, 종교 지도자의 탄생치고는 좀 거창하다 싶습니다.

후에 예언자 아시타는 어린 싯다르타를 일견하고 나서 이상적 군주가 되든지 부처가 될 것이라 말해서 왕국을 물려주려는 왕에게 싯다르타는 근심거리가 됩니다. 싯다르타의 아버지는 아들이 종교 지도자가 될 가능성을 봉쇄하기 위해 계절마다 번갈아 기거할 수 있는 궁전을 세 채 지어주고 4,000(혹은 4만) 무희를 보내어 온갖 즐거움을 선사했으며, 16세 때는 아쇼다라라는 예쁜 공주와 결혼도 시켰지만, 싯다르타의 운명은 아비의 기대와는 반대 방향으로 진행되고 있었습니다. 감수성이 남달랐던 싯다르타는 궁 밖으로 나가 인도 민중의 고통을 느끼고 그 고통을 없앨 방법을 찾아 출가하게 됩니다.

무릇 모든 종교는 하나의 질문에서 시작합니다. "인간의 고통을 어떻게 해결할 것인가?" 아무리 심오한 종교적 탐구라 하더라도 이 단순하고 근본적인 질문에서 벗어나지 않습니다. 아니, 이 질문에서 벗어난 종교는 이미 현실성을 상실한 시대착오적인 종교라 할 수 있습니다. 이에 대한 세속적인 대답은 의외로 간단합니다. 고통은 결핍에서 오니 그 결핍을 채우기 위해 노력하는 것입니다. 육체적 건강, 경제적 부, 사회적 명성, 정치적 권력을 획득해 고통에서 벗어날 수 있다고 보는 거지요.

그러나 부처의 깨달음은 이와는 다른 것이었습니다. 하지만 먼저 깨달음에 이르는 과정을 살펴보아야겠어요. 부처가 궁에서 떠날 때, 그에게는 아내와 아이가 있었습니다. 아이의 이름은 라훌라, 뜻인즉 '걸림'이에요. 자식을 자신이 가야 할 길에 걸림돌로 보았으니 자식으로서는 참으로 섭섭했겠네요. 아내와 아이가 자는 틈을 타 궁 밖으로 나선 싯다르타는 힌두교의 여러 스승을 만나 수행하지만 깨달음에 도달할 수 없었습니다. 온갖 수행법과 고행을 통해 수행한 지 6년이 지나자, 싯다르타는 극단적인 고행 방법으로는 깨달음에 도달할 수 없음을 알게 됩니다. 지나친 쾌락이 위험한 것처럼 지나친 고행도 중도에서 벗어난 것이지요. 마치 악기의 줄을 너무 당기면 끊어지고, 너무 풀면 소리가 나지 않는 이치와 마찬가지로 말입니다.

고행을 마치고 우루벨라 마을로 내려온 싯다르타는 수자타라는 여인이 제공하는 유미죽을 얻어먹고 체력을 회복하게 됩니다. 그리고 고요히 명상할 곳을 찾던 중 핏팔라나무(보리수, 깨달음의 나무) 아래에 자리를 잡고 용맹 정진에 들어가지요. 예수가 광야에서 사탄에게 세 가지 시험을 당하듯, 싯다르타는 이 나무 아래에서 죽음의 신 마라(魔王)에게 세 가지 시험을 당합니다. 첫째 시험은 엄청난 마군을 몰고 와 수행을 방해하는 것이었습니다. 둘째 시험은 부처가 되는 것은 헛된 것이라고 말하는 것이었습니다. 셋째 시험은 마라의 아름다운 딸들을 동원하여 육체적으로 유혹하는 것이었지요. 싯다르타는 이 모든 시험을 이기고 드디어 '무지는 사라지고 앎이 떠오르며, 어둠은 사라지고 빛이 떠오르는' 경지의 확연한 깨달음에 도달하게 됩니다. 그야말로 성불成佛의 경지에 도달한 것이지요.

하지만 부처는 이 깨달음을 다른 이들에게 전할 수 있을지 망설이게 됩니다. 너무도 심오한 경지는 쉬이 전달되지 않고, 삶에 바쁜 이들은 이 깨달음을 반기지 않을 듯싶었기 때문입니다. 그러나 신들의 간곡한 부탁을 받고 드디어 가르침의 길에 나섭니다. 이 지점에서 우리는 종교의 본질 하나를 더 깨닫습니다. 아무리 종교적 진리가 심오하다 할지라도 일반인과 소통되지 않는 깨달음은 쓸모가 없다는 것입니다. 고통받는 세상을 외면하는 종교, 이 세상이 아니라 저 세상을 추구하는 종교, 자신들만이 아는 언어로 벽을 쌓는 종교는 진정한 종교가 아닌 셈이지요.

부처의 최초 가르침은 이전에 자신이 만났던 스승과 같이 고행했던 동료들에게 향해 있습니다. 처음에는 부처를 거부했던 스승과 동료들은 그의 가르침의 심오함에 빠지게 됩니다. 가르침의 핵심인즉, 제법무아諸法無我, '생하는 것은 모두 멸하는 법'이라는 말입니다. 이 세상에 동일성을 영원히 유지하는 것은 아무것도 없으며, 모든 존재는 일시적으로 합쳐진 가합적假合的 존재라는 것이지요. 이에 따르면 영원한 진리니 실체니 하는 초월적인 존재를 탐구하는 행위는 쓸모없는 것이 되고 맙니다. 힌두교에서 이야기하는 '진정한 자아眞我, Atman'는 존재하지 않으며 오히려 '자아가 없음無我, Anatman'이야말로 앎의 정수리가 된다고 본 것이지요.

그러나 이러한 앎의 경지는 일반 대중에게는 쉽게 전달될 수 없음을 느끼고 일반 대중을 위한 가르침을 따로 마련하니, 그것이 사성제와 팔정도입니다. 사성제四聖諦는 '고집멸도苦集滅道'의 네 가지 진리를 터득하는 것입니다. 우선 고제苦諦는 괴로움의 진리입니다. 인간의 삶은 고통의 연속이라는 현실적인 진단이지요. 둘째, 집제集諦는 이러한 고통이 바로 집착에서 온다는 것입니다. 셋째, 멸제滅諦는 인간은 고통에서 벗어날 가능성이 있다는 깨달음입니다. 고통이 없는 경지, 즉 니르바나nirvana의 경지에 도달할 수 있다는 확신입니다. 마지막으로 도제道諦는 이러한 경지에 도달하기 위한 바른 방법을 말합니다. 이 방법(道)을 구체화한 것이 바로 팔정도지요.

팔정도八正道는 바르게 보고(正見), 바르게 생각하고(正思), 바르게 말하고(正言), 남에게 해코지하지 않고(正業), 좋은 직업을 가지며(正命), 마음을 늘 건전하게 유지하고(正精進), 바르게 살펴(正念), 그곳에 마음을 집중하라(正定)는 방법론이지요. 이러한 수양법은 비단 승려만이 지켜야 할 것이 아니라 진리를 깨달으려 하는 모든 이에게 필요한 생활 지침이라 할 수 있습니다. 자신의 삶과 생각을 늘 성찰하지 않는 사람에게서 무슨 아름다운 결과가 나오겠습니까?

부처는 이러한 깨달음을 널리 전하면서 불교 공동체를 형성합니다. 이 불교 공동체를 일컬어 '상가Sangha'라 했는데, 이는 한자로 음역하면 승가僧家가 되지요. 부처의 공동체는 도시에서 조금 떨어진 한적한 곳에 장소를 구하고 걸식과 명상과 가르침으로 운영해갑니다. 부처 역시 몸소 걸식을 행함으로써 무소유를 실천합니다. 진정한 깨달음 이외에 아무것도 바라지 않는 이 도저한 경지가 바로 불가의 정신인 것이지요.

부처는 깨달음 후 45년간을 가르치다가 80세에 열반에 듭니다. 부처 사후 제자들이 모여 부처님의 말씀과 해석, 승가의 행동 원칙 등을 정리하게 되니, 그것이 바로 경장經藏, 율장律藏, 논장論藏의 삼장三藏이 되었지요. 이후 불교는 부파불교, 대승불교 등으로 모습을 변신해갔고, 비록 인도에서는 점점 쇠퇴했지만 중국, 우리나라, 일본 등 동양의 여러 나라에 전파되어 다양한 전통을 형성하게 됩니다.

특히 중국에서 형성된 선禪불교의 전통은 깨달음 이외에 어떠한 권위도 인정하려 하지 않는, 심지어 부처나 스승의 권위마저도 깨달음을 위해서는 의심하는 살불살조殺佛殺祖의 정신을 강조합니다. 부처님이 이러한 이야기를 듣는다면 어떠셨을까요? 자신이 구성한 종교가 자신을 죽이는 역설적 종교, 이것이 바로 불교입니다. 이 도저한 부정의 정신이야말로 부처가 깨달은 무아無我의 경지인 셈이지요.

대승불교와 선불교에서 높이 다루는 『금강경金剛經』 6장에는 이러한 대목이 있습니다.

> "나의 설법이 뗏목의 비유와 같음을 아는 자들은 법조차도 마땅히 버려야 하거늘 하물며 법이 아님에 있어서랴."
>
> _『금강경金剛經』

그 유명한 뗏목의 비유인데요. 진리를 가르치는 말은 진리에 도달하기 위한 방편일 뿐 그것을 절대화해서는 안 된다는 경고이지요. 그런 점에서 볼 때, 깨달음을 얻었다고 생각하는 바로 그 순간을 절대화하게 되면 또 다른 집착에 빠지게 되는 것이고, 그것은 마치 강을 건넌 후 뗏목을 이고 가는 것만큼이나 어리석음에 빠지게 되는 셈이지요.

이 대목에 이르면 왜 법정 스님이 유언으로 자신의 출판물을 더는 출간하지 말라 했는지 이해가 안 되는 바도 아닙니다. 언어로 표현된 그것에 집착하게 되면, 그것 자체가 진리의 방해물이 될 것임을 아셨던 것 아닐까요?

『금강경』은 이렇게 끝납니다.

> 모든 지은 법이여!
> 꿈과 같고 환영과 같고 거품과 같고 그림자 같네.
> 이슬과 같고 또 번개와 같아라.
> 그대들이여 이같이 볼지니.
>
> 一切有爲法　如夢幻泡影
> 如露亦如電　應作如是觀
>
> _『금강경』

부처도 임종을 맞으며 이러한 유언을 남기셨다 합니다.

나아가라, 게으르지 말고 나아가라, 부지런히 나아가라,

진리를 등불로 삼고 너 자신을 등불로 삼고 나아가라.

_「아함경」

한 인간의 죽음은 많은 것을 명상하게 만듭니다. 그 존재가 크면 클수록 더 많은 영향력을 행사하지요. 자신이 미칠 영향력을 최소화하고, 자신을 무화함으로써 새로운 가능성을 열어주는 사람, 그런 사람을 우리는 스승이라 할 수 있습니다. 그런 의미에서 우리는 이 시대의 스승을 잃은 셈이요, 우리 삶을 타진해볼 새로운 가능성을 얻은 셈입니다. 불교가 가르치는 진리의 길이 이 언저리쯤은 아닌가 생각하게 되는 하루입니다.

불은 물로
끌 수 있지만

길장

네가 오기로 한 그 자리에

내가 미리 가 너를 기다리는 동안

다가오는 모든 발자국은

내 가슴에 쿵쿵거린다

바스락거리는 나뭇잎 하나도 다 내게 다가온다

기다려 본 적이 있는 사람은 안다

세상에서 기다리는 일처럼 가슴 애리는 일 있을까

네가 오기로 한 그 자리, 내가 미리 와 있는 이곳에서

문을 열고 들어오는 모든 사람이

너였다가

너였다가, 너일 것이었다가

다시 문이 닫힌다

_「너를 기다리는 동안」

황지우 시의 일부분입니다. 사랑하는 사람을 기다리는 애틋함을 이처럼 잘 묘사한 시가 있을까 싶을 정도네요. 기다리는 동안 가슴이 쿵쿵거리고, 모든 사물이 그 사람이 오는 징후인 것 같고, 약속 장소에 들어오는 모든 사람이 그 사람인 것만 같은 느낌은 누구나 한 번쯤은 경험한 적이 있어 감정이입이 저절로 됩니다. 특히 "문을 열고 들어오는 모든 사람이 / 너였다가 / 너였다가, 너일 것이었다가 / 다시 문이 닫힌다"라는 구절에서는 기다리는 사람이 오지 않는 안타까움이 절절히 느껴집니다.

우리는 이 '가슴 애리는 일'을 기다림이라 말하고, 그 원인을 사랑의 부재 때문이라고 말할 수 있어요. 불교적으로 말하면, 화자가 겪고 있는 고통(苦)은 부재하는 사람에 대한 집착(集)에서 생겨나지요. 부처는 바로 이 고통에 주목하였고, 이 고통에서 벗어나는 길이 있다고 믿었지요.

인도 불교의 큰 스승이면서 인간의 고통에 대하여 언어적 탐구를 수행하여 고통을 극복하고자 한 철학자가 있어요. 나가르주나Nāgārjuna, 龍樹입니다. 나가르주나를 중국어로는 용수龍樹라고 하는데요. 그의 어머니가 아르주나라는 나무 아래에서 그를 낳았으므로 아르주나(樹)라고 하며, 용이 그의 도를 완성시켰으므로 나가(龍)라고 이름 지었대요. 그러니까 용수는 나가르주나의 의미를 따른 명칭이지요. 그의 주저『중론中論』
에 보면 다음과 같은 구절이 나와요.

> 인연에 따라 생기는 세상
> 나는 이것을 공이라고 말한다.
> 이것을 또한 가명이라고 한다.
> 이것을 또한 중도의 뜻이라 한다.
>
> 因緣所生法　我說卽是空
> 亦爲是假名　亦是中道義
>
> _『중론中論』

이 구절을 간단히 도식하면 이렇습니다. 인연因緣=공空=가명假名, 기짜
이름=중도中道! 불교적 태도의 핵심은 모든 실체론의 거부입니다. 영원히
변함이 없는, 자족적인 실체나 본질 따위는 없다는 것이지요. 그 대신 모
든 존재는 직접적(因)이고 간접적인(緣) 관계 속에서 이루어진 가합假合
적 존재이지요. 가합적이란 변화하고 일시적이라는 말입니다. 그러니
거기에 붙여진 이름 또한 일시적이지요(假名). 세상의 모든 존재와 그 존
재에 붙여진 이름을 이렇게 보는 태도를 공空이라 하고, 그러한 태도로
살아가는 것을 중도中道라 하지요.

그런 의미에서 불교가 말하는 중도는 유학에서 말하는 중도와는 다르
다고 할 수 있겠네요. 유교의 중도가 한쪽으로 치우치지 않는 윤리적 입

장을 이야기한다면, 불교의 중도는 모든 존재가 공空하다는 것을 견지하는 태도니까요.

부처 사후 부처의 가르침에 대한 다양한 해석이 이어지면서 교단도 다양하게 형성되었어요. 이 교단들을 부파部派라고 하고, 이들의 사상과 활동을 부파불교라고 통칭해요. 이들은 존재에 대해 분석하면서 불교 이론을 정교화했지요. 하지만 이러한 이론의 정교화는 한편으로는 부처의 본래 가르침을 왜곡하고 불교의 실천력을 약화시키는 문제점도 있었어요. 이러한 경향에 반대하여 생겨난 새로운 불교의 흐름이 대승불교였습니다. 대승大乘이란 '큰 수레'라는 뜻입니다. 대승불교는 이전의 불교를 소승小乘불교라고 비판했지요. 중생은 구제하지 않고 자신의 구원에만 집착한다면서 말이에요. 대승불교는 공空사상과 보살행을 강조하는데, 이러한 사상은 그들의 대표적 경전인 반야경에 잘 나타나 있어요.

나가르주나는 바로 이 대승불교의 대표적 이론가였지요. 그가 쓴 『중론』 역시 기존의 불교를 비판하면서 대승불교의 공空사상을 이론적으로 정교화한 책인데요. 책에 나오는 중관中觀개념을 본떠 나가르주나가 정립한 불교를 중관불교라고도 하지요.

이 나가르주나의 사상을 받아들여 중국 불교를 체계적으로 이론화한 대표적 인물이 바로 길장吉藏, 593~623입니다. 220년 한이 붕괴되자 혼란과 분열의 시기가 뒤따랐는데, 이 시기를 위진남북조시대라고 해요. 길장은 이 시기에 활동한 대표적 승려지요. 길장 이전의 불교는 기존의 불교 이론을 이해하기 위해 노장철학적 개념을 주로 이용했어요. 이를 격의格義라고 하지요. 중국적 개념의 틀거리(格)에 맞춰 뜻(義)을 전달해야 했기 때문에 불교 고유의 개념에 대한 이해가 부족했지요. 물론 이러한 격의는 불교 이념이 쉽게 중국에 정착되게 하는 데는 도움을 주었지만, 역으로 불교 개념의 고유한 의미를 축소하거나 왜곡하는 문제점도 있었어요.

길장은 어렸을 때부터 불교에 심취하여 불교 공부를 열심히 했어요. 특히 길장은 나가르주나의 『중론』과 그에 대한 설명서 『십이문론十二門論』, 나가르주나의 제자가 쓴 『백론百論』과 밀접한 이론서를 탐구하여 삼론종三論宗을 완성합니다. 삼론三論은 바로 위에 소개한 책 세 권을 염두에 둔 이름이지요.

길장은 진제眞諦와 속제俗諦 개념을 가지고 나가르주나의 중관불교를 설명합니다. '진제'란 '모든 것은 공하다'는 나가르주나의 핵심 사상을 뜻하지요. 한편 '속제'는 관습적인 판단과 언어 세계를 뜻하지요. 우리는 속제에 빠져 아파하고 슬퍼하며 고통스러운 삶을 삽니다. 그러한 고통에서 벗어나기 위해서는 진제, 즉 모든 것이 공하다는 것을 깨달아야 하지요. 문제는 이 공하다는 말이 임시로 만들어진 개념(假名)임에도 또 그것에 집착하는 경향이 생긴다는 것입니다. 아파서 약을 먹으면 건강해지고, 건강해지면 약을 끊어야 하는데, 약에 빠져 계속 약을 먹는 사태라고나 할까요.

나가르주나가 공을 이야기할 때에 공을 실체화하려는 것이 아니라, 실체화하려는 모든 견해를 없애려는 비실체적 개념으로 사용한 것인데, 그것을 다시 실체화해서는 안 된다는 말이지요. 길장은 자신의 저서『삼론현의三論玄義』에서 이렇게 말합니다.

『중론』은 말하기를 '부처님이 공空을 말한 것은 모든 것을 실체화하려는 다양한 견해를 벗어나기 위해서였다. 그런데 누군가가 다시 공을 실체화한다면 그 사람은 부처님도 교화시킬 수 없을 것이다.' 물로 불을 꺼야 하는데 누군가가 물을 불로 만든다면 어찌 불을 끌 수 있겠는가?

_『삼론현의三論玄義』

여기서 물은 공을 뜻하고 불은 '다양한 실체화'를 뜻하지요. 물은 불을 끄는 데 사용하는 임시적 도구입니다. 만약 그렇지 않다면 불은 이미 꺼졌는데 물을 계속 부음으로써 이번에는 도리어 홍수가 나는 결과를 초래할 것입니다. 화마火魔보다 더 무서운 것이 수마水磨라고, 부처의 비실체화적 태도를 실체화하면 그것이야말로 불교의 가장 큰 재앙이라 할 수 있겠네요. 그래서 반야계 대표 경전인『금강경』에서는 "부처님 말씀도 뗏목에 불과하다"라고 고백했나 봅니다.

길장은 실체화에 대한 염려를 너무 심하게 했나봐요. 그의 불교 이론은 나가르주나에 기반하고 있으나 나가르주나의 설명을 더욱 정교화하려고 합니다. 길장은 『이제의二諦義』라는 책에서 자신의 고유한 사상을 펼치는데요. 개념적 실체화의 양극단을 넘어서려는 길장의 노력은 3중으로 이루어집니다.

첫 번째 이제, 즉 진제와 속제는 '있음(有)'과 '없음(無)' 사이에서 펼쳐집니다. 세속인은 세상의 모든 사물과 그로써 생기는 관념을 실체화하여 '있다'고 말하지만 성인은 모든 것이 공함을 알기에 '없다'고 말합니다.

두 번째 이제는 '있음과없음(有無)'과 '있음도아니고없음도아님(非有非無)' 사이에서 펼쳐지지요. 이제 세속인은 영원과 무상, 윤회와 열반, 속제와 진제의 이분법에 빠져 이를 고집합니다. 성인은 이러한 이분법적 견해를 다시 부정합니다.

마지막으로 세 번째 이제는 이렇습니다. 세속인은 두 번째 단계에서 진제에 해당하는 것을 다시 고집합니다. 이번에는 '있음도아니고없음도아님'이 속제에 포함되지요. 그리고 다시 이를 극복하는 '둘도아니고둘아님도아님(非二非不二)'이 진제기 됩니다.

될 수 있는 한 쉽게 설명하려고 했는데 그래도 어렵지요? 그냥 쉽게 이렇게 생각해보죠. 병이 나서 약을 먹었어요. 병은 나았지만 약을 끊지 못해 이번에는 그 약 때문에 새로운 약을 먹게 되지요. 그래서 다시 병이 나았어요. 하지만 이번에도 두 번째 약을 끊지 못해 새로운 병이 생겨요. 그래서 그 병을 낫게 하려고 마지막 약을 투여한 겁니다. 약이 약을 낳고 또다시 약을 낳은 것이지요. 병원이 도리어 질병을 만들어낸다는 말이 있어요. 건강해지려고 갔다가 더 큰 병을 만들어 돌아오는 것은 오늘날 흔히 볼 수 있는 현실이에요. 그래서 더 큰 병원, 더 유명한 의사를 찾는 것인지도 모르지요.

한편 우리는 길장의 이제론二諦論에 이러한 질문을 던질 수도 있어요. 과연 그것이 마지막 단계일까? 세 번째의 진제로 끝나면 다행이지만, 논리상 그것은 불가능한 것 같아요. 처음에는 질병을 고치기 위해 논의했는데, 오히려 환자에서 점점 멀어져 약을 위한 약, 즉 이론을 위한 이론을 만들고 있는 것 같은 의구심을 떨칠 수 없네요.

본래 불교는 인간의 고통에 대한 치유 방법을 탐구하기 위해서 출발했어요. 그러니까 고통과 치유가 중요한 것이지, 그 고통에 대한 이론적 탐구 자체가 중요한 것은 아니었지요. 하지만 불교 이론이 지식인들의 손에 맡겨지자, 점차 고통받는 민중과는 거리가 먼 지식인들의 향유물이 되고 말았지요. 소승불교를 비판하고 대승불교를 주창한 것은 이러한 불교의 지식인화에 대한 반대에서 비롯되었다고 봐요. 하지만 이론적 소승불교를 비판하기 위해서 불가분 이론적 체계화를 감행할 수밖에 없었고, 다시 대승불교도 치유를 위한 이론이 아니라 이론을 위한 이론으로 전락할 위기를 맞이하지요. 길장은 그 위험선에 놓여 있는 것 같습니다.

다시 처음에 소개한 황지우의 시로 돌아가볼까요. 길장이었으면 이러한 사태에 대하여 어떻게 설명했을까요? 그대도 공空하고 그대가 애타게 기다리는 사람도 공하니 그 가운데 생겨난 그리움이라는 감정도, 오지 않아 안타까워하는 그대의 태도도, 오지 않아 낙담에 빠지는 그대의 모습도 공하다고 말했을까요? 아니면 그대의 감정을 실체화하여 고통에 빠지지 말고, 사태를 있는 그대로 바라보아 평안을 찾으라고 했을까요?

불교를 자칫 잘못 이해하면 세상은 공하니 세상에서 벗어나라는 탈현실적 세계관이라고 규정할 수도 있어요. 하지만 불교의 참뜻은 오히려 그러한 감정에 빠져 실의와 낙담을 하기보다 현실을 객관적으로 바라보고 그 상태를 넘어설 수 있는 현실적 방안을 모색해보라고 제안하는 것 아닐까요?

다행히 시인 황지우 역시 절망에 빠져 허덕이는 모습으로 시를 끝마치지는 않네요. 그의 시에 나타난 긴장성을 감상해보시지요.

사랑하는 이여

오시 않는 너를 기다리며

마침내 나는 너에게 간다

아주 먼 데서 나는 너에게 가고

아주 오랜 세월을 다하여 너는 지금 오고 있다

아주 먼 데서 지금도 천천히 오고 있는 너를

너를 기다리는 동안 나도 가고 있다

남들이 열고 들어오는 문을 통해

내 가슴에 쿵쿵거리는 모든 발자국 따라

너를 기다리는 동안 나는 너에게 가고 있다

_「너를 기다리는 동안」

무의식의 탐구자

현장

오승은吳承恩이 썼다고도 알려져 있는 중국 명나라 때 장편소설 『서유기西遊記』를 아시나요? 당나라 황제의 명령으로 불경을 구하러 인도로 가는 삼장법사와 그를 따르는 손오공, 사오정, 저팔계의 신기하고 이상한 모험 이야기 밀이에요. 그냥 읽으면 괴물들을 물리치는 흥미진진한 이야기지만, 속뜻을 음미하면 인간의 번뇌를 끊고 성불하는 구도求道 이야기가 되지요. 소설을 읽는 표층과 심층의 스토리가 있다고나 할까요?

삼장법사三藏法師의 삼장三藏은 부처님의 말씀을 기록한 경장經藏, 승가의 계율을 기록한 율장律藏, 불교에 대한 다양한 해석을 기록한 논장論藏 세 종류 경전을 이야기하는데요. 불교 경전 전체를 뜻하는 말이지요. 그러니까 삼장법사라는 칭호를 얻었다 함은 불교에 대한 전체적 지식을 갖추고 있는 큰스님이라는 말이지요. 한편 손오공孫悟空의 '오공悟空'은 '공空을 깨닫다'는 뜻으로 대승불교의 핵심 개념인 공 사상을 담고 있는 반야般若=지혜를 반영한 이름이고, 사오정沙悟靜의 '오정悟靜'은 '청정한 본래의 마음을 깨닫다'는 뜻으로 선정禪定을 반영한 이름이지요. 마지막으로 저팔계豬八戒의 '팔계八戒'는 '불교인이 지켜야 할 여덟 가지 계율'을 뜻하니, 이 세 인물의 특성을 합치면 계戒·정定·혜慧의 삼학三學을 가리키지요. 이 삼학은 대승불교의 핵심 내용입니다.

그런데 서유기의 주인공은 허구적 인물이 아니라 당나라의 승려 현장玄奘, 602?~664을 실제 모델로 삼고 있어요. 현장이 중국을 떠나 인도에 도착한 후 인도에서 유학하고 다시 657권에 달하는 불교 서적을 가지고 중국으로 돌아올 때까지의 기간이 16년629~645이었으니 참으로 오랜 세월이었습니다. 그 과정에서 많은 곳을 여행하며 그곳의 풍속과 정치, 불교적 정보나 전설 등 다양한 정보를 모아 여행기처럼 기록한 것이 『대당서역기大唐西域記』입니다.

그런데 왜 현장은 그렇게 고생스러운 길을 자청해서 갔을까요? 이미 중국에는 불교가 부흥하고 있었고, 불교 경전도 다양한 경로로 유입되고 번역되었는데 말이에요. 길장의 중관불교의 경우 이미 중국에서 번역된 구마라습鳩摩羅什의 번역본이 있었어요. 하지만 현장이 관심을 갖고 있던 유식불교唯識佛敎는 중국에 제대로 번역되어 있지 않았지요. 그러니까 현장은 인도의 대승불교 전통에서 가장 중요한 유식불교를 중국에 전파하고 그와 관련된 불교 서적들을 제대로 공부하여 번역하는 데 막대한 공을 세운 사람이지요. 중국으로 돌아온 현장은 당 태종의 후원 아래 평생을 인도 원전을 한역하는 데 바쳤지요. 그가 한역한 책이 1,335권에 달했다고 하니 그의 열정을 감히 짐작할 수도 없네요. 또한 그의 한역은 인도에서 직접 유학하여 본래 의미를 정확히 번역했기에 이전 번역과 다른 점이 많았지요. 그래서 이전 불경 번역을 구역舊譯이라 한다면, 현장의 번역은 신역新譯이라 할 정도였어요.

현장이 인도에서 공부하고 중국으로 돌아와 가장 관심을 기울인 것이 유식불교였지요. 유식불교는 중관불교와 더불어 인도 대승불교의 주류 사상으로 반수반두Vasubandhu, 婆數槃豆, 世親가 완성했어요. 반수반두는 처음에는 수승불교 사상에 심취했다가 형의 권유로 대승불교로 전향하여 『유식20론唯識二十論』과 『유식30송唯識三十頌』 등을 저술했지요.

유식이라는 말에서 짐작할 수 있듯이, 반수반두는 인간의 의식 탐구에 힘을 썼지요. 불교에 따르면 존재기 실체기 아니며, 그에 따라 존재에서 발생하는 의식 역시 실체가 아닌데 왜 사람들은 잘못된 망상에 사로잡혀 고통 속에서 헤매는 것일까요? 그 이유는 인간의 의식이 일반적으로 생각하는 것보다 훨씬 심층적이고 복잡한 층위로 구성되었기 때문 아닐까요? 20세기의 지그문트 프로이트Sigmund Freud가 무의식의 영역을 개척하기 훨씬 전인 4세기에 인도에서 이러한 의식을 탐구했다는 점이 참으로 놀랍습니다.

반수반두에 따르면, 인간의 의식은 8개 층위로 구성되어 있습니다. 이를 팔식설八識說이라고 하는데요. 그중 가장 심층적인 의식을 알라야식 ālayavijñāna, 阿賴耶識이라 합니다. 창고를 뜻하는 알라야ālaya와 분별 의식을 뜻하는 비즈냐나vijñāna가 합쳐진 말이지요. 인간의 행동이나 행위를 의미하는 업業, karma의 결과가 의식의 형태로 심층 창고에 저장되어 있다고 보았어요. 이 알라야식 위에 일곱 번째 의식인 마나스식manas, 末那識이 작동해요. 마나스식은 알라야식을 의식의 대상으로 삼아 자기를 형성하고, 알라야식과 함께 나머지 여섯 가지 의식에 통일성을 부여하지요. 자기의식이라고도 해요. 그 위에 여섯 가지 일상적인 의식(了別意識)이 작동하지요. 눈의식, 귀의식, 코의식, 혀의식, 촉감의식 그리고 이를 종합하는 의식, 이 여섯 가지 의식(六識)이 합쳐져 8개 의식을 구성하는 것이지요. 서양의 철학이 감각(오감)과 이성을 나눠 이성을 중시한 반면 프로이트는 이성을 의심하고 무의식을 강조했는데, 반수반두의 팔식설은 이 둘을 종합한 이론인 셈이네요.

그러면 왜 반수반두는 이토록 복잡하게 인간의 의식을 분석한 것일까요? 반수반두는 인간의 의식을 구성하는 근본 뿌리를 추적하여 제거함으로써 주체를 구성하는 잘못된 대상적 개념을 소멸시키면 온전한 의식에 도달할 수 있다고 보았지요. 반수반두의 이 전략을 프리드리히 니체 Friedrich Wilhelm Nietzsche라면 의식의 계보학이라고 말했을 거예요.

현장은 바로 이 반수반두의 유식불교를 중국에 정착시켜 법상종法相宗

을 창안합니다. 법상法相이라는 말 자체가 대상(法)에 대한 개념이나 의식(相)을 다루겠다는 의도를 담고 있지요. 일체의 대상에서 생겨난 개념이나 의식이 모두 공空함을 이해시키려면, 우선 대상이 의식에 의해서 구성된 것에 불과하며 의식에 의해 생겨난 것들이 실제로는 외부에 존재하지 않음을 증명함으로써 대상에 대한 집착을 끊을 수 있다고 보았지요. 현장이 번역한『성유식론成唯識論』은 이렇게 말합니다.

> 알라야식은 향이 그 냄새를 옷에 배게 하는 것처럼 의식 속에 씨앗들을 자라게 한다. 씨앗이 자라나면 또 다른 것을 자라나게 함으로써 다른 씨앗을 자라게 하는 원인이 된다. (…) 결국 이로부터 벗어나려면 아라한阿羅漢의 경지에 도달해야만 한다. 번뇌의 모든 장애를 끊어버린 사람을 아라한이라 부르기 때문이다.
>
> _『성유식론成唯識論』

프로이트는 인간의 의식은 빙산의 일각에 불과하며 무의식이 대부분을 차지하고 있다고 말했고, 그의 계승자를 자임하는 자크 라캉Jaques Lacan은 "무의식은 언어처럼 구조화되어 있다"라고 말했어요. 반수반두를 계승한 현장은 인간의 무의식을 탐구합니다. 마치 옷에 향이 배듯이 인간 곳곳에 스며들어 있는 알라야식의 작동을 멈추게 하는 것, 이것이 법상종의 종지宗旨라 할 수 있어요.

만약에 그러한 작업이 성공할 수 있다면 반수반두가 상상했던 주체와 대상의 이분법적 분별이 소멸함으로써 알라야식 대신에 대원경지가, 마나스식 대신에 평등성지가, 의식 대신에 묘관찰지가, 다섯 가지 감각 의식의 자리에는 성소작지가 자리 잡게 되지요. 아라한의 경지에 도달하는 겁니다. 아라한阿羅漢, arhan은 부처와 같이 완전한 깨달음에 도달한 성인을 뜻하지요. 불교 유적지에 가면 각종 나한상이 있는데, 바로 '나한'이 아라한의 다른 말입니다.

대원경지大圓鏡智는 '거대하고 완전한 거울과 같은 지혜'이니 대상에 대한 일체의 편견이 사라지고 대상 그 자체를 그대로 비추게 되고요. 평등성지平等性智는 '주체와 대상을 평등하게 보는 지혜'이니 편협한 자기의식이 사라지게 될 것입니다. 묘관찰지妙觀察智는 '대상의 신비함을 그대로 바라보는 지혜'이니 대상을 있는 그대로 보게 되겠지요. 마지막으로 성소작지成所作智는 '오감이 필요한 곳에 가장 완벽하게 수행하는 지혜'가 됩니다.

이야기를 따와서 알겠지만, 유식불교와 현장의 '법상종' 이론은 만만한 것이 아닙니다. 오늘날도 반수반두의 유식론은 불교를 공부하는 사람들이 고개를 절레절레하게 만들지요. 다양한 견해를 반박하고 자기 의견을 옹호하려다 보면 그만큼 이론이 복잡해지고 정교해지기 마련입니다. 그래서 원래 의도와는 상관없이 점점 민중에게서 멀어지게 되지요.

유교적인 역사와 대비해보면, 원시유교가 불교와 도교의 이론과 경쟁하기 위해 형이상학적 체계를 정립하고 불교와 도교사상과 경쟁하면서 성리학을 만들었던 것과 유사하지요. 성리학은 그래서 점차 본래 유교의 실천적 측면보다는 이론적 측면이 강화되고, 점차로 관념화되어 가지요. 그래서 성리학적 흐름에 반대하는 양명학이 새롭게 등장하게 됩니다.

중국 대승불교의 흐름도 이와 유사한 방향으로 나아가지요. 불교 경전에 대한 이해와 주석, 이론의 정교화로 치밀하게 탐구한 것은 좋았으나, 경전과 해석을 지나치게 중시하는 교종敎宗의 전통이 강화되면서 지식인들의 전용물이 되어가지요. 이를 비판하고 넘어가기 위해서는 새로운 불교가 필요했으니, 바로 선불교의 등장이었습니다. 선불교는 이론 탐구 중심의 교종 전통 대신 마음수양을 강조하고 대중에게 더욱 가까이 다가가려고 하지요.

하지만 현장의 업적을 무시해서는 안 될 것 같아요. 현장은 유식불교를 한자로 번역해서 전파함으로써 대승불교의 핵심 사상을 아시아 전역으로 퍼져나가게 했지요. 실제로 신라시대의 원효元曉와 의상義湘은 유식불교를 배우기 위해 당나라로 잠입할 계획을 세우기도 했지요. 1차 시도는 고구려군에게 붙잡혀 실패했고, 2차 시도에서 원효는 해골물을 마시고 득도하여 신라로 돌아가고, 의상만 당나라에 유학하여 유식불교의 진면모를 경험할 수 있었습니다. 이후 원효가 귀족 불교를 넘어선 민중불교로 자신의 길을 걸어갔다면, 의상은 유학 후 신라로 돌아와 화엄종華嚴宗을 창안하고 세력을 넓혀갔지요. 우리나라를 대표하는 두 승려가 중국으로 가려 했던 것이 현장 때문이었다면, 그의 영향력이 얼마나 큰 것인지 짐작 가지 않나요?

유식불교를 이야기하다 보니 부처와 그의 제자 만동자蔓童子의 대화가 생각나네요. 만동자는 형이상학적인 질문에 고민이 많았던 제자였던 것 같아요. 세상은 영원한지 유한한지, 목숨과 몸은 같은 것인지, 사후는 존재하는지, 아니면 그도 저도 아닌지…. 부처는 만동자의 질문에 침묵으로 일관하다가 이렇게 말해요.

> 어떤 사람이 독화살을 맞아서 가족이 의사를 불렀느니라. 그런데 독화살을 맞은 사람은 생각했지. '독화살을 쏜 놈은 누구인지, 그놈의 이름은 무엇인지, 신분은 어떻게 되는지, 귀족인지, 무사인지, 사제인지, 농민인지, 아니면 공인인지, 혹시 노예는 아닌지 내가 꼭 알아야겠다. 그러기 전에는 화살을 뽑을 수 없지. 암, 없고말고.' 그러면 그 사람은 어떻게 될까? 궁금한 것을 알기도 전에 목숨을 잃게 될 것이다.
>
> _「중아함경中阿含經」

부처가 만약에 자신이 죽은 후 불교가 이렇게 복잡해지고, 이론화되고, 추상화된 것을 알았다면, 어떤 반응을 했을까요? "그런 거 연구하다가 사람 다 죽겠다"라고 했을까요? 아니면 "근본 치료를 위해서 불교가 많이 발전했구나!"라고 했을까요?

달마가
동쪽으로 간
까닭은

달마

선禪의 기원 이야기. 부처가 영산靈山에서 설법을 하려고 하면서 꽃 한 송이를 들었어요. 앞에 있던 제자와 대중은 부처님께서 그 꽃을 소재로 무슨 말씀을 하시려는지 기다립니다. 부처는 말이 없습니다. 제자와 대중은 당황하지만 그 어색한 침묵의 시간을 침묵으로 감당합니다. 분위기가 싸합니다. 그때 뒤늦게 일을 마치고 돌아온 제자 가섭迦葉이 부처님이 들고 있는 꽃을 보고 씩 웃습니다. 염화미소拈華微笑!

바로 이 장면이 선禪의 시작입니다. 가섭이 웃는 모습을 본 부처님은 가섭을 앞으로 부릅니다. 그리고 제자와 대중 앞에서 이렇게 말하지요.

나는 이제 진리에 대한 바른 안목과 열반으로 향하는 미묘한 마

음, 형상을 벗어난 실상과 지극히 미묘한 진리의 문, 문자에 의존하

지 않고 경전의 테두리를 넘어선 가르침(正法眼藏, 涅槃妙心, 實相無相, 微

妙法門, 不立文字, 敎外別傳)을 마하가섭에게 전하노라.

_『무문관無門關』

『무문관無門關』 제6측 「세존염화世尊拈花」에 나오는 이야깁니다. 그러면
가섭이 가장 뛰어나서 웃은 걸까요? 부처의 제자 중에는 뛰어난 사람이
많아요. 지혜가 뛰어나 지혜제일知慧第一이라는 평을 받은 사리불舍利佛,
어려운 이야기를 가장 잘 이해하는 해공제일解空第一의 수보리須菩提, 설
법을 가장 잘하는 설법제일說法第一의 부루나富樓那, 신통력이 뛰어나 기
적을 잘 만드는 신통제일神通第一의 목련目蓮, 부처님의 말씀을 가장 많이
들은 다문제일多聞第一의 아난阿難도 있었습니다. 하지만 이들은 모두 부
처가 꽃을 든 이유를 알지 못했지요. 오직 한 사람 뒤늦게 불가에 입문한
가섭만이 이를 이해했던 겁니다. 말을 넘어선 언어, 논리를 넘어선 지혜,
느닷없는 깨달음!

아, 가섭도 제일 잘하는 것이 하나 있었습니다. 가섭 앞에는 두타제일
頭陀第一이라는 별명이 붙습니다. 두타頭陀란 산스크리트어 '두타dhuta'를
한자로 음역한 것으로 "번뇌를 털어내고 모든 집착을 버린다"라는 뜻이
에요. 그러니까 가섭은 다른 제자와 달리 자신이 알고 있는 지식과 선입
견, 경험으로 축적된 집착을 누구보다 쉽게 떨쳐버릴 수 있는 능력이 있
었던 셈이지요. 이 두타를 삶에서 수련하는 방법을 두타행이라고 하는

데요. 예를 들어 조용한 곳에 머물기, 항상 걸식하기, 하루에 한 번만 먹기, 많이 먹지 않기, 옷은 세 벌만 가지되 헌 옷으로 입기, 사람이 찾지 않는 무덤 곁에 머물고, 집을 갖지 않고 나무 밑에서 지내기 등등이지요. 말이 두타행이지, 요즘 세태로 말하면 영락없는 노숙자지요.

부처의 10대 제자 중 한 명인 가섭은 인도에서도 아주 부유한 나라 중 하나였던 마가다국에서 태어났어요. 그의 아버지는 마가다국에서도 제일가는 부자였지요. 신분도 높아 바라문 출신이었어요. 요즘으로 하면 명문가이면서 재벌가의 자제였다고나 할까요. 부처가 보리수 아래에서 태어난 것처럼, 가섭도 정원에 있던 핍팔라나무 아래에서 태어났다고 해요. 부처 사후에 제자 500명이 모인 제1차 결집 장소가 그의 정원 근처에 있는 커다란 굴이었다고 하니, 그의 재력은 참으로 놀랍지요. 부처 사후에 가섭이 승단을 이끄는 데 아주 큰 역할을 한 것도 그의 재력의 영향이 컸어요.

가섭은 어렸을 적 아버지의 뒤를 잇기 위해 온갖 학문을 연구하는 인재로 자랐지요. 젊은 시절 부처의 이야기를 전해 듣고 출가하기를 간절히 바랐지만, 부모님에 대한 효성도 깊어 부모님이 원하는 결혼도 하고 부모님이 돌아가실 때까지 출가를 미뤘어요. 가섭이 서른둘에 부모님이 돌아가시자 간절히 원했던 출가를 부부가 동시에 하지요. 여담이지만 그 둘은 결혼해서 침대만 같이 썼을 뿐, 12년 동안 순결을 유지했다고 하네요. 대단하지요? 아무튼 가섭은 출가한 후 누구보다 검소하고 무소유를 실천하는 두타행을 한 것으로 유명했습니다. 재벌에서 탁발승으로! 뒤늦은 출가였지만, 그의 결심은 대단한 것이어서 제자들 수천 명 중에서도 놀라운 발전을 보였던 것만은 틀림없어요.

부처의 가섭에 대한 사랑은 참으로 놀라웠습니다. 가섭이 자신의 비싼 옷을 버리고 누더기옷을 입고 출가하여 찾아오자 부처는 그를 반갑게 맞이하며 자신의 옆에 앉게 했다고 하는 일화와 부처가 열반하여 금관에 모셨는데 관이 꿈쩍도 하지 않다가, 뒤늦게 부처의 열반 소식을 전해들은 가섭이 등장하여 부처의 시신에 예를 올리자, 그때야 비로소 금관 밖으로 부처의 두 발이 튀어나오고 관이 움직였다는 일화가 전해질 정도에요. 살아서도 죽어서도 부처의 가섭에 대한 사랑은 참으로 컸나봐요.

그런데 도대체 부처는 꽃을 들어 무엇을 전하려 했고, 이를 보고 웃은 가섭은 무엇을 깨달은 걸까요? 부처의 말에 따르면, 말로 전할 수 없는 진리이니 말로 표현하는 것 자체가 어불성설이요, 논리로 설명하려는 것 자체가 천부당만부당한 일이지만, 우리 같은 범인이야 궁금하기 그지없지요.

혹자는 그 꽃이 연꽃이라 하고, 진흙 속에서 피어나는 찬란한 꽃이 연꽃이라 하니, 사바세계속세에서 살아가더라도 더러워지지 말고, 진리의 불꽃을 피우라는 뜻이라고도 하고…. 또 혹자는 온 우주의 실상은 본래 무상無相이지만 꽃으로 피어나 아름다운 것처럼 우주의 삼라만상을 위대한 부처의 드러남으로 생각하라고 전한 거라고도 하고…. 또 어떤 분은 노자 『도덕경道德經』까지 인용하며 그 뜻을 복잡미묘하게 전하지만, 저는 왠지 백담사에 계셨던 오현五鉉 스님의 해석에 마음이 끌립니다. 인용하지 않고 제 식대로 다시 풀어 말해보면, "부처가 꽃을 보였다. 꽃이 참 예뻤다. 사람들은 웃지 않았다. 오직 가섭만 웃었다. 예쁜 꽃을 보면 웃는 것이 인지상정이다. 예쁜 꽃을 보고 웃지 않는 것은 머릿속에 뭔가 복잡한 생각이 있기 때문이다. 그래서는 안 된다. 머리를 비워야 한다. 꽃을 보고 웃지 않는 자, 그 머릿속에 불경이 수천 권 있어도 아직 덜 된 인간이다. 무표정은 꽃에 대한 예의가 아니다. 꽃을 보면 웃어라! 그뿐이다. 예쁜데 무슨 말이 필요한가? 웃는데 무슨 설명이 필요한가?"

가섭은 말없이 웃었습니다. 그것으로 됐습니다. 더는 말이 필요 없습니다. 선불교의 제1조사祖師가 될 만합니다.

어쨌든 가섭은 다른 제자들은 전수받지 못한 부처 최후의 지혜, 말로 표현할 수 없는 지혜를 전수받아 선불교의 제1조사가 되었습니다. 그 후 '위대한 가섭'이란 뜻의 '마하가섭摩訶迦葉'에서 시작된 선종의 전승은 28대에 이르러 보리달마菩提達磨, 460~532?로 이어지지요. 우리가 흔히 알고 있는 달마대사가 바로 인도에서 중국으로 넘어온 보리달마입니다.

달마대사에 대해서는 많은 이야기가 전해집니다. 그는 남인도의 작은 나라에서 셋째 왕자로 태어났어요. 그러다가 부처의 27대 직계 제자인 반야다라般若多羅에게서 가르침을 받아 28대 조사가 되지요. 스승의 유훈에 따라 중국으로 건너가 선불교를 전했어요. 달마가 중국에 도착하자

불교에 많은 지원을 하고 깊은 관심을 가지고 있던 양나라의 무제武帝는
그를 초대하여 대화를 나누기를 원했지요.

"짐은 즉위 이래 절을 짓고, 경을 베끼게 하고, 승려를 출가하게 한
일이 이루 헤아릴 수 없소. 대사가 보시기에 그 공덕이 어느 정도이
겠소?"

"전혀 공덕이 없습니다(無功德)."

이에 당황하기도 하고 화가 나기도 한 무제가 물었지요.

"어째서 공덕이 없다는 말이오?"

"그것들은 단지 사람 세상에 작은 업적일 뿐, 오히려 집착하면 업
을 쌓는 원인이 되지요. 그러니 그림자와 같습니다."

"그렇다면 어떤 것이 참다운 공덕이오?"

"참다운 지혜는 신비로워 텅 비어 있으니, 공덕을 세상 이치로는
구할 수가 없지요."

"그렇다면 성스러운 진리는 무엇이오?"

"성스러운 것은 없습니다."

"그럼 짐을 마주하고 있는 당신은 누구요?"

"모릅니다(不識)."

_「벽암록」

만약에 전해지는 대화가 진짜라면 달마는 불교에 호의적이고 적극적

으로 지원을 아끼지 않은 양무제에게 심한 불경을 저질렀다고 말할 수 있습니다. 하지만 그것이 불경不敬이라 할지라도 불경佛經의 핵심을 전달하기에는 더없이 좋은 사례이지요. 부처의 무아無我사상은 달마에게로 와 불식不識사상이 됩니다. "나는 없다"가 "나는 모른다"로 창조적 변형을 이루는 순간이지요. 하지만 화가 난 양무제는 떠나는 달마를 쫓아 군사를 보냅니다. 달마는 군사의 추적을 피해 남쪽 양나라에서 북쪽 위나라로 피신하지요.

그 후 달마는 숭산에 있는 소림사에 들어가 9년 동안 면벽수도를 했다고 합니다. 당시 경전 연구를 중심으로 운영되던 소림사에서 경전을 읽지 않고 벽만 바라보며 몇 년을 수행하는 달마의 모습은 그 자체로 경이였지요. 달마는 이후 소림사에 머물며 소림권법을 창시하기도 하고요, 잠을 자지 않기 위해 눈꺼풀을 칼로 도려내어 항상 눈이 떠져 있었다고도 합니다. 달마도를 보면 유달리 눈이 큰 이유가 그 때문입니다.

달마대사는 중국 역사로 치면 위진남북조시대에 해당하는 470년 무렵 중국으로 건너와서 선종을 퍼뜨렸습니다. 당시 중국의 불교는 불경을 연구하고 깨달음을 구하는 귀족 중심의 불교였지요. 달마는 이와 달리 민중적이고 수행 체험을 중시하는 선불교를 전파했습니다. 달마는 복잡한 철학 체계에 따르는 것이 아니라 인간의 본래성품(自性)에 눈떠 바로 성불하라는 가르침을 민중의 언어로 전파했지요.

달마의 제자로는 혜가慧可·도육道育·승부僧副·담림曇林 등이 있는데요. 중국 선불교의 역사로 치면 제1대 조사가 달마이고, 제2대 조사가 혜가慧可입니다. 제자를 받지 않은 것으로 유명한 달마를 스승으로 모시기 위해 혜가는 자신의 팔을 잘라 단호함을 보여줌으로써 그의 제자가 되었다는 이야기가 전해집니다. 또 이런 이야기도 전해지지요.

어느 날 혜가가 달마대사를 찾아와 이렇게 말합니다.
"제 마음이 불안합니다. 스님께서 편안케 해주십시오."
그러자 달마대사가 말합니다.
"불안한 네 마음을 가져오너라. 그러면 편안케 해주겠다."
당황한 혜가는
"마음을 아무리 찾아도 찾을 수가 없습니다."
라고 대답하지요. 그러자 달마대사는 이렇게 말합니다.
"나는 벌써 너의 마음을 편안케 하였느니라."

_「선의 황금시대」

이 말을 들은 혜가는 문득 깊이 깨달았다고 합니다. 불안함 따위는 마음에서 생기는 것인데, 마음 따위가 없다면 애당초 불안함도 없는 것이니까요. 이 일화를 안심문답安心問答이라고 합니다. 나라 안팎으로 전쟁이 일어나고 백성이 힘든 삶을 살아갈 때, 기존의 불교 흐름은 경전 연구에 몰두함으로써 민중의 현실과는 점점 멀어지는 시대, 달마는 절망과 불안에 빠진 민중에게 불안해하지도 절망하지도 말라고, 마음을 잘 살펴 편안함에 도달하라고 위로하고 있지요.

이 달마의 '편안한 마음(安心)'이야말로 당대 민중에게 가장 필요한 것이었습니다. 불립문자不立文字 교외별전敎外別傳, 직지인심直指人心 견성성불見性成佛! 말로는 표현할 수 없으니 문자에 얽매이지 말고 마음을 올바로 관찰하여 본래 모습에 눈떠 부처가 돼라! 이 네 구절이야말로 달마가 인도에서 중국으로 건너와 중국인에게 전해주고 싶었던 불교의 핵심 내용이었지요. 오늘날 선불교의 화두 중 하나인 "달마가 동쪽으로 간 까닭은?"의 답이 될지 모르겠네요.

이 화두를 제목으로 영화를 만든 사람이 배용균 감독입니다. 우리나라의 비주류 영화를 대표하는 감독 중 한 명이면서 영상미가 뛰어난 예술영화를 찍는 감독이지요. 그가 찍은 영화 〈달마가 동쪽으로 간 까닭은?〉은 1989년에 개봉하여 국제 영화제인 로카르노영화제에서 최우수상을 받았습니다. 선불교의 화두가 찔막한 문장으로 이루어지면서도 의미가 깊은 것처럼, 이 영화도 장면 장면마다 뛰어난 영상미를 보여주었다는 기억이 생생합니다. 선불교의 수행자들이 짧은 화두를 끌어안고 진리를 향해 용맹정진하듯이, 배용균 감독도 한 컷 한 컷 시를 쓰듯이 영화를 찍었지요.

영화에는 어머니를 기억하지 못하는 고아 소년 해진과 눈먼 어머니를 버리고 출가한 젊은 수좌 기봉, 그리고 이들에게 큰 스승 역할을 하는 혜곡선사가 등장해요. 새 한 마리 잡으려고 장난삼아 던진 돌에 맞아 부상당한 새를 낫게 하려고 애쓰는 해진. 그러나 저절로 살아날 줄 알았던 새는 결국 죽어 구더기가 들끓지요. 이에 화가 나 절벽 아래로 던진 기왓장 깨지는 소리에 놀라 날아가는 짝 잃은 새 한 마리. 그것에 놀라 절벽 아래로 떨어져 깊은 연못에 빠지는 해진. 구사일생으로 물길 따라 살아난 해진에게 나타난 한 여인과 숲 속을 헤맬 때 발견하는 소 한 마리. 한편 스승 병구완을 위해 탁발에 나섰다가 눈 먼 어머니의 실상을 보고 죄책감을 느껴 다시 속세로 돌아가려는 기봉. 그러다가 하산 중 큰물에 휩싸여 허우적대는 기봉. 익사하려는 기봉을 구조하려고 진력을 다하다가 더욱 병이 깊어진 스승 혜곡. 잇따른 혜곡의 죽음과 다비식. 다비식 후 하산하는 기봉과 스승의 유품을 받고 정진하는 어린 해진…. 한 편의 구도 영화로 손색이 없는 이 작품은 선불교를 공부할 때 누구에게나 추천하고픈 영화입니다. 영화 보고 성불 한 번 해보시겠습니까?

본래 거울이 없는데
먼지는 무슨

혜능

파란 녹이 낀 구리거울 속에

내 얼굴이 남아 있는 것은

어느 왕조王朝의 유물遺物이기에

이다지도 욕될까.

(…)

밤이면 밤마다 나의 거울을

손바닥으로 발바닥으로 닦아 보자.

_「참회록」

윤동주의 시 「참회록」은 이렇게 시작됩니다. 이 거울 이미지는 윤동주에게는 자기 성찰을 하는 내면적 도구지요. 거울 이미지가 시에만 등장하는 것은 아닙니다. 『장자』 7편 「응제왕應帝王」에는 이런 구절이 나오지요.

> 지인의 마음 씀은 거울과 같아서
> 보내지도 않고 맞이하지도 않는다.
> 다만 변화에 응하되 마음에 두지 않는다.
> 그러므로 능히 외물外物을 극복하고 상하지 않을 것이다.
>
> _「장자」

장자의 '거울'은 외물에 응하되 마음을 두지 않는 존재입니다. 외물이 오면 비추고 가면 지웁니다. 외물을 오라고 하지도 않고 가라고 하지도 않지요. 초대하지도 배척하지도 않아요. 무심無心입니다. 얼음을 비추어도 차가워지지 않고, 불을 비추어도 뜨거워지지 않지요. 얼지도 녹지도 않아요. 그러니 외물에 상하지 않는 것입니다. 이 무심의 경지를 불가에서는 무아無我라고 합니다. 대승불교의 핵심 교리인 공空이라 할 수도 있습니다. 거울은 본래 공이나 외물이 오면 색色이 됩니다. 그러다가 외물이 가면 다시 공이 됩니다. 외물의 상相, 이미지이 남아 있지 않기 때문이지요. 공즉시색空卽是色 색즉시공色卽是空!

여기서 우리가 다루는 인물은 이 '거울'과 밀접한 관련이 있는 인물입니다. 바로 당나라 때 선승으로 활약한 육조六祖 혜능慧能, 638~713이지요.

중국 선불교의 전통은 제1조 달마에서 시작하여, 제2조 혜가慧可, 제3조 승찬僧璨, 제4조 도신道信, 제5조 홍인弘忍으로 계승됩니다. 혜능 앞에 6조가 붙는 것은 바로 혜능이 홍인대사의 뒤를 이은 선불교의 대가이기 때문이지요.

혜능은 본디 가난하게 태어나 일찍이 아버지를 여의고 홀어머니를 모시며 살아갔습니다. 산에 가서 땔나무를 구하여 팔아야지만 생계를 이어갈 수 있었기에 살림은 말이 아니었지요. 그러던 어느 날 땔감을 팔러 가다가 불경을 외는 스님을 만납니다. 그 스님이 외우던 불경이 『금강경』이었는데, 거기에 이런 구절이 나옵니다.

머무는 바 없이 그 마음을 내어라!

應無所住而生其心

_「금강경」

그 구절이 왠지 마음에 끌려 스님에게 무엇을 외우시냐고 묻지요. 스님이 『금강경』이라고 말하자, "그 말씀을 들으니 기쁜 마음이 솟구치는데 왜 그런지 이유를 모르겠습니다"라고 대답합니다. 스님이 "중생은 누구나 불성佛性을 가지고 태어난다"라고 말하자, 혜능은 이에 감격하여 어디로 가야 부처가 될 수 있는지 묻지요. 그 스님은 황매산에 동선사라는 절이 있는데, 그 절에 있는 홍인대사를 찾으라고 말하지요.

혜능은 이 기쁜 소식을 홀어머니에게 알리고 땔감을 팔아 봉양할 곡식을 마련한 후, 이웃 사람에게 어머니를 부탁합니다. 그 후 어머니에게 하직 인사를 하고 한 달을 넘게 걸어 황매산 동선사에 도착하지요. 그곳은 수많은 승려가 수행하는 엄청나게 큰 절이었습니다. 시골뜨기에다가 일자무식인 혜능이 홍인대사를 찾아 인사를 올리자, 홍인대사는 출생지를 묻고는 버럭 화를 냅니다. "오랑캐놈이 어찌 부처가 될 수 있단 말이냐? 썩 물러가거라." 혜능의 그릇 크기를 판단하고자 함이었지요. 그러자 혜능은 이렇게 대답합니다. "사람은 남북이 있지만 불성이 어디 남북이 있겠습니까." 홍인대사는 이 대답에 그가 큰 그릇임을 알게 되지만 다른 제자들이 시기할까봐 절에서 가장 허드렛일에 속하는 방아찧기를 시키지요. 혜능은 성실히 일하면서 멀리서나마 스승의 가르침을 따르려 합니다.

어느 날 홍인대사는 제자들을 모두 불러 모아놓고 그의 법통을 전해줄 때가 되었으니, 각기 게송偈頌을 지어 올리라고 말합니다. 게송은 승려들의 깨달음의 깊이를 가늠하는 시와 같이 짧은 구절이지요.

홍인대사의 제자들 중에서 가장 뛰어난 제자는 신수神秀였습니다. 다른 제자들은 신수가 당연히 뒤를 이을 것이라고 생각했기에 게송을 올리지 않고 오직 신수만이 게송을 지어 벽에 붙였지요. 신수가 지은 게송은 이렇습니다.

몸은 보리수요
마음은 밝은 거울.

항상 부지런히 닦아서

먼지 끼지 않게 하리.

身是菩提樹 心如明鏡臺

時時勤拂拭 勿使惹塵埃

_「육조단경六祖壇經」

다른 제자들은 이 시를 보고 감탄하였으나 홍인대사는 조용히 신수를 불러 게송을 다시 써오라고 했지요. 신수의 게송은 많은 제자에게 알려졌고, 일자무식인 혜능에게도 전해졌습니다. 그러자 혜능은 한 승려에게 자신이 말하는 것을 신수의 게송 옆에 써달라고 부탁했지요. 혜능은 글을 모르는 무식쟁이였으니까요. 혜능이 시은 게송은 이렇습니다.

보리는 본래 나무가 아니며

밝은 거울 또한 틀이 없네.

본래 한 물건도 없는데

어디에서 먼지가 일리요.

菩提本無樹 明鏡亦非臺

本來一無物 何處惹塵埃

_「육조단경」

이 글을 본 홍인대사는 글을 신발로 지워버렸지요. 그리고 혜능이 방아를 찧는 곳으로 와서 혜능에게 물었습니다. "쌀을 다 찧었느냐?" 혜능이 답했습니다. "쌀은 다 찧었는데 아직 키질을 하지 못했습니다." 말인즉, 깨달음은 얻었는데 스승에게서 정식 인가를 받지 못했다는 이야기지요.

그날 저녁 늦게 홍인대사는 혜능을 방으로 불러 『금강경』을 강의하고 달마대사에게서 받은 옷과 밥그릇을 물려주었습니다. 6조로 정식 인가를 한 것이지요. 그리고 다른 제자들 몰래 남쪽으로 도망가라고 말합니다. 다른 제자들이 시기하여 해칠까봐 염려하였지요. 그리하여 혜능은 남쪽으로 도망가 숨어 수행하면서 자신에게 기회가 오기를 기다리지요.

세월은 15년이나 흘러 혜능의 나이 서른아홉 되던 해, 혜능은 광저우廣州 법성사法性寺에 들릅니다. 그 절에서는 인종법사가 제자를 수백 명 거느리고 『열반경涅槃經』을 가르치고 있었지요. 혜능은 맨 뒷자리에 앉아 법사의 강연을 듣고 있는데, 때가 여름인지라 주변에는 조는 자들도 있고 잡담을 하는 자들도 있었습니다. 마침 바람이 불어 절의 깃발이 흔들리자 잡담하던 자들 사이에서 이런 말이 오고 갔습니다.

"저것 봐, 깃발이 움직인다."

"바보야, 바람이 움직이는 거야."

그러다가 서로 자신의 주장을 놓고 싸우는데, 법사의 강연보다 이 싸움이 재밌었는지, 서로 두 편으로 나눠 논쟁을 벌이기 시작했습니다. 그러자 법사는 강연을 멈추고 이 논쟁이 어떻게 진행되는지 지켜보았지요.

혜능은 이 상황이 우스웠는지 씩 웃었지요. 그러자 논쟁하던 패거리가 왜 웃느냐며 당신이 답을 아냐고 물었습니다. 이에 혜능이 답했지요.

"깃발이 움직인 것도 아니요, 바람이 움직인 것도 아닙니다. 그대들 마음이 움직인 것이지요."

이 소리를 들은 제자들은 놀랐고, 인종법사도 혜능이 보통 사람이 아님을 감지했지요. 그래서 신분을 확인해본 결과 5조 홍인대사에게서 정식 인가를 받은 6조 혜능임을 알게 되었습니다. 그리하여 인종법사는 혜능이 숨어 지내느라 길게 자란 머리를 삭발시킨 후, 자신이 혜능의 제자가 되어 혜능을 스승으로 모시게 됩니다. 나중에 혜능은 조계산에 보림사寶林寺를 짓고 36년간 선불교를 융성하게 합니다.

후대에 홍인대사의 수제자였던 신수는 수행을 점차로 쌓아가 깨달음에 도달한다는 점수선漸修禪을 주장하며 북쪽에서 활약합니다. 그는 당시 권력자였던 측천무후則天武后와 친하게 지내며 북쪽의 선불교를 확장하지요. 한편 남쪽으로 피신했던 6조 혜능은 즉각적인 깨달음을 강조하는 돈오선頓悟禪으로 남쪽의 선불교를 널리 퍼뜨립니다. 그러니까 5조 홍인대사 문하에서 신수로 대표되는 북종선北宗禪과 혜능으로 대표되는 남종선南宗禪 양대 세력이 성장한 것이지요.

중국 역사는 북종선의 편을 들어주지 않고 남종선의 편을 들어줍니다. 북종선이 권력자와 밀착해 있었다면 남종선은 상대적으로 권력에서 벗어나 있었기 때문인데요. 권력은 항상 바뀌는 성질이 있어, 권력자가 변경되면 이전 세력은 그 힘을 잃고 말지요. 북종선의 운명이 그러했던 것입니다.

선불교에서는 돈오頓悟와 점수漸修의 논쟁이 계속해서 이어졌습니다. 오늘날 우리나라의 불교에서도 돈오돈수니 돈오점수니 하는 논쟁이 계속되는 것을 보면, 참으로 오랜 싸움이라 할 수 있지요.

글 앞에 윤동주의 거울과 장자의 거울을 소개했어요. 두 이미지는 신수의 점수와 혜능의 돈오와 묘하게 일치하는 울림이 있지요. 윤동주는 마음을 거울로 보고 녹이 슬지 않도록 밤이면 밤마다 손바닥으로 발바닥으로 닦자고 제안합니다. 한편 장자는 거울을 대상과 관계하는 자아로 보고 대상을 비출 뿐 그에 집착하거나 그로써 상하지 말자고 제안하지요. 신수의 게송이 거울에 먼지가 끼지 않도록 계속 닦자는 마음수양법이었다면, 혜능의 게송은 거울 자체가 없음을 이야기함으로써 마음의 실체성을 부정하는 불교 정통의 사상을 대변합니다. 신수=윤동주, 혜능=장자!

역사는 선불교의 전통을 혜능에게 이어지게 했지만, 저는 왠지 신수에게 마음이 갑니다. 까닭인즉, 우리네 삶이 이런저런 일을 당할 때마다 마음 아파하고 마음 상하는 일이 많기 때문이지요. 마음이 아파서 힘들어하는 사람에게 원래 마음은 없는 것이니 괴로워하지 말라는 충고보다는 "네가 아프냐? 나도 아프다"라는 통속 멜로물의 연대감이 오히려 따뜻하고 친근감이 있어 보이지 않나요? 그러니 아프지만 함께 참고 견디

자고 말하고 싶네요. 서로 마음을 보듬고 함께 나아가자고요. 혜능의 치유 방법이 근본적인 것은 머리로 알지만, 자꾸만 제 마음은 응급 처방을 바라니 제 마음 저도 모르겠네요. 여러분은 어떠세요?

제 마음을 이해하는지 윤동주의 시는 이렇게 끝이 납니다.

그러면 어느 운석隕石 밑으로 홀로 걸어가는
슬픈 사람의 뒷모양이
거울 속에 나타나온다.

_「참회록」

내 마음이
우주

육구연

속도는 기술혁명이 인간에게 선사한 엑스터시ecstasy의 형태이다. 오토바이 운전자와 달리, 뛰어가는 사람은 언제나 자신의 육체 속에 있으며, 뛰면서 생기는 미묘한 신체적 변화와 가쁜 호흡을 생각할 수밖에 없다. 뛰고 있을 때 그는 자신의 체중, 자신의 나이를 느끼며, 그 어느 때보다도 더 자신과 자기 인생의 시간을 의식한다. 인간이 기계에 속도의 능력을 위임하고 나자 모든 게 변한다. 이때부터, 그의 고유한 육체는 관심 밖에 있게 되고 그는 비신체적 속도, 비물질적 속도, 순수한 속도, 속도 그 자체, 속도 엑스터시에 몰입한다.

_「느림」

밀란 쿤데라Milan Kundera의 『느림La lenteur』에 나오는 대목입니다. 현대인은 늘 바쁘게 살아가고 있습니다. 속도가 지배하는 사회에서 살고 있기 때문이기도 하지요. 밀란 쿤데라는 기계의 시간과 인간의 시간을 대조하면서, 인간이 속도를 추구하다 보면 자기 고유한 인생의 시간을 망각하게 된다고 진단하고 있지요. 빠른 기차 안에서는 바깥 풍경을 제대로 감상할 수 없듯이, 빠른 삶을 살다보면 자신의 모습을 제대로 성찰할 수 없어요. 그래서 그런지 요즘에는 '마음공부'라는 말이 유행하기도 합니다. 자신의 인생을 찾아보려는 노력일까요?

이 마음 문제를 가장 문제 삼았던 것은 불교였지요. 모든 고통이 마음이 시어낸 망상에서 비롯되었다는 지혜는 불교의 것입니다. 그러니 마음을 잘 알고 잘 다스리는 것이 불교철학의 핵심이지요. 그래서 지금도 불가에서는 '마음공부'를 큰 공부 중 하나로 칩니다.

하지만 마음공부의 문제는 불가만의 고유한 주제는 아닙니다. 공자에서 시작된 유가儒家의 전통에서도 이 문제는 핵심 영역이지요. 공자 당시의 유학은 역사를 거치면서 다양한 형태로 자신의 이론을 심화해갔습니다. 그 흐름을 크게 보면 기학, 이학, 심학으로 나눌 수 있지요. 장재의 기일원론이 기학氣學적 전통을 수립했다면, 주희의 성리학性理學은 이름에서도 알 수 있듯이 이학理學적 전통의 뿌리입니다. 심학心學을 학문적 전통으로 세운 것은 송대의 육구연과 명대의 왕수인이라 할 수 있습니다. 두 사람의 성을 따서 육왕학陸王學이라고도 하고, 왕수인의 호를 따라

양명학陽明學이라고도 하지요.

　유학적 전통에 따라 마음을 한 번 살펴볼까요? 우선 공자의 견해가 잘 나타나 있는 『논어論語』의 한 대목.

　　선생님 말씀하시다. '증삼'아! 내 도道는 하나로 꿰느니라.
　　증자가 말하였다. 네!
　　선생님이 나가시자, 문인들이 물었다. 무슨 말씀이신지?
　　증자가 말하였다. 선생님의 도는 충서忠恕일 따름인 것!

_『논어論語』

　공자가 걷는 길은 하나로 통한답니다. 일이관지一以貫之라는 말이 여기서 나오지요. 그 하나가 뭘까요? 충서忠恕라고 제자 증자曾子가 답합니다. 충忠자를 보면 가운데 중中과 마음 심心이 결합한 것임을 알 수 있어요. 좌로나 우로나 치우치지 않고 중용을 지키는 마음이 바로 충忠이지요. 또 서恕자를 보면 같을 여如자에 마음 심心이 합쳐져 있음을 알 수 있습니다. 내가 원하지 않는 것은 남도 원하지 않으니, 남에게 자신이 원하지 않는 것을 시키지 말라는 물시어인勿施於人의 마음이 바로 서恕이지요. 개인 윤리와 사회 윤리가 이 두 마음에 담겨 있네요.

　한편 『맹자』의 한 대목을 살펴봅니다.

사람이 배우지 않아도 할 수 있는 것은 타고난 능력(良能)이고, 생각하지 않아도 아는 것은 타고난 지능(良知)이다. 두세 살 난 어린아이는 누구나 어버이를 사랑할 줄 알고, 커서는 윗사람을 공경할 줄 안다. 어버이를 친애하는 것이 인仁이고 윗사람을 공경하는 것이 의義이다. 그렇게 할 수 있는 것은 다른 이유 때문이 아니라 모든 사람이 인과 의의 마음을 보편적으로 지니고 있기 때문이다.

_「맹자」

맹자는 모든 인간에게 네 가지 마음이 있다고 보았어요. 남을 측은히 여기는 마음(惻隱之心), 잘못을 부끄러워할 줄 아는 마음(羞惡之心), 좋은 것을 남에게 양보할 줄 아는 마음(辭讓之心), 옳고 그름을 분별할 줄 아는 마음(是非之心)이 바로 그 넷이에요. 그 네 마음을 씨앗(四端)으로 삼아 길 수양하면, 좋은 나무에 좋은 열매가 맺히듯이, 사랑과 정의, 예의와 지혜(仁義禮智)가 생긴다고 보았지요. 이른바 성선설性善說이라 불리는 맹자의 견해를 확인할 수 있어요.

한편 맹자는 모든 인간에게 선천적으로 이러한 지혜와 행동의 능력이 내재했다고 보았습니다. '양지良知'와 '양능良能'이라는 맹자 고유의 개념이 여기서 생겨납니다. 마치 서양의 언어학자 노암 촘스키Noam Chomsky가 인간은 선천적으로 언어를 구사하는 능력이 있다고 여겼던 것과 같습니다. 촘스키가 보기에 선천적으로 이러한 능력을 타고 태어나지 못했다면 네 살도 안 된 어린아이가 모국어를 자유자재로 구사하는 상황을 해명할 수 없다고 생각했지요.

맹자의 견해에 깊은 공감대를 형성하면서 주희의 성리학을 비판하고, 자신의 사상 체계를 구성했던 사람이 바로 육구연陸九淵, 1139~1193이었습니다. 주로 상산象山지역에서 강학을 통해 제자를 양성해서 자신의 호를 상산象山이라 붙였던 것을 따라 육상산陸象山이라고도 부르지요.

이 육구연이 주희에게 문제 삼은 것은 유학의 지나친 복잡화였습니다. 주희는 불가의 형이상학과 주역의 우주론을 유학에 끌어들여 이일분수理一分殊, 즉 우주적 원리를 설정하고, 그에 따라 현상을 해석하는 복잡한 형이상학적 도식을 만들었지요. 육구연이 보기에는 이러한 형이상학적 도식은 유학을 불가나 도가에서 탈출시키는 방식이 아니라, 오히려 불가나 도가가 쳐놓은 그물에 걸려 허우적대는 모습이었습니다.

육구연이 보기에 유학은 그리 복잡한 경로를 거치지 않아도 분명한 자기 길을 갈 수 있었습니다. 맹자가 개척해놓은 길을 따라가면 되는 거지요. 육구연은 말합니다.

나의 학문은 자의적이지 않다. 그것이 다른 학문과 다른 점이다. 내가 비록 수많은 말을 할지라도 그것은 기실 내 마음에서 깨달은 것에 불과하다. 이에 조금이라도 덧붙일 것이 없다.

_「육구연집陸九淵集」

육구연은 "먼저 큰 것을 세우라"라고 강조하면서, 이 구절 외에는 가르칠 것이 없다고 강조했습니다. "먼저 큰 것을 세우라"라는 말은 『맹자』에 나옵니다.

제자인 공도자가 물었다. "사람은 모두 같다고 하셨는데, 어떤 사람은 대인이 되고 어떤 사람은 소인이 되는 것은 무엇 때문입니까?"

맹자가 대답했다. "자신의 큰 줄기를 따르면 대인이 되고 작은 줄기를 따르면 소인이 된다."

"사람은 모두 같다고 하셨는데, 어떤 이는 큰 줄기를 기르고 어떤 이는 작은 줄기를 기르는 것은 어째서입니까?"

"이목耳目 같은 감각 기관은 생각할 줄 몰라 외부 사물에 가려지기 쉽다. 외부 사물을 접하면 그리로 끌려가게 되는 것이다. 마음이라는 기관은 생각할 수 있으니, 생각하면 결국 본마음을 얻고 그렇지 않으면 얻지 못한다. 본마음은 하늘이 나에게 준 것이다. 먼저 큰 것(=본마음)을 세우면 작은 것이 빼앗지 못할 것이니, 바로 이렇게 하는 사람이 대인일 뿐이다."

_『맹자』

육구연은 바로 이 본마음을 수양하는 것이야말로 유학의 정수라고 보았습니다. 그러하니 사물공부를 통해서 우주의 원리를 이해하려는 주희의 격물치지格物致知 공부는 본마음 외부에 별도로 기준을 마련하는 어리석은 이론에 불과한 것이지요. "우주가 곧 나의 마음이고, 나의 마음이 곧 우주(吾心卽宇宙)"인데 별도의 우주를 상정할 필요가 뭐가 있겠습니까. 이 마음을 따른다면 아주 먼 옛날 성인의 마음과도 이어지고, 나와 동시대인의 마음과도 이어지는 것이지요. 맹자가 초월적 하늘 대신에 내면적 마음에 윤리적 기초를 정립했던 것과 같이, 철저한 맹자주의자였던 육구연은 모든 것을 마음으로 회귀시켜 설명하려 했던 셈입니다.

재미난 것은 주희의 성리학을 비판하고 심학의 정초를 이룬 육구연이 정작 자신의 저술은 하나도 남기지 않았다는 사실입니다. 지금까지 전해오는 것은 그가 쓴 편지글이나 시들 그리고 어록의 모음집뿐입니다. 주희가 사서에 주석을 달고, 복잡한 학문 체계를 정초하기 위해 끊임없이 저술 활동을 했던 것과는 정반대이지요. 대인은 자신의 본마음을 잘 살피고, 마음의 큰 줄기에 따라 살아가면 그뿐이지 이름자 남기려고 저술하는 것은 어리석은 일이라고 생각했던 걸까요. 주희의 주석 작업에 비판적 시선을 던졌던 그는, 저술을 권하는 주변의 태도를 거절하며 이런 말도 남겼습니다.

육경六經이 모두 내 마음의 주석인데, 내가 왜 굳이 육경에 주석을 붙이는 일을 하겠는가?

_「육구연집」

마음이 굳은 유학자들이 들으면 대경실색할 이야기를 당당하게 드러내는 육구연의 모습이 부럽기조차 하네요. 이렇게 심학적 전통을 세우며 주희를 비판했던 육구연의 뒤를 이어 명대에는 왕수인이 활약합니다. 육왕학, 양명학의 도도한 흐름이 시작된 것이지요.

젊은 시절 육구연은 아호사鵝湖寺란 곳에서 대大유학자 주희를 만났습니다. 육구연이 주희의 성리학을 비판하자, 주희의 친구였던 여조겸呂祖謙이 자리를 주선한 것이었지요. 하지만 육구연은 젊은 나이였음에도 자신의 입장을 양보하지 않고, 오히려 주희의 학문 체계에 대해서 조목조목 비판하기 시작합니다. 중국 철학사의 대논쟁 가운데 하나인 아호지쟁鵝湖之爭이 시작된 것이지요. 그곳에서 육구연이 지었다는 시가 전해지는데요.

> 황폐한 무덤은 슬픔을 일으키고 종묘는 공경함을 불러오네
> 이것이 영원히 닳지 않는 사람의 마음이지
> 작은 시냇물이 모여 큰 바다를 이루고
> 주먹만 한 돌이 쌓여 태산봉우리를 만들지.
>
> _「아호화교수형운」

주희가 보기에 젊은 육구연이 지금은 작은 시냇물처럼 보이고 주먹만 한 돌처럼 여겨질지라도, 언젠가는 큰 바다를 이루고 태산을 만들 것이

라는 호연지기浩然之氣가 느껴지지 않나요? 주희의 성즉리性卽理 대신에 심즉리心卽理의 거대한 물줄기를 이루려는 육구연의 포부가 이 시에 담겨 있지요.

앎과 함의
원리

왕수인

고은의 작은 시편 『순간의 꽃』을 읽었습니다. 제목도 없이 *표시만으로 시의 시작을 구분하는 시집의 구성이 참 독특했지요. 두 줄짜리 시도 있고, 세 줄짜리도 있었어요. 그중 하나, 제 시간을 가장 오랫동안 붙잡아두었던 시 한 편을 소개할게요.

내려갈 때 보았네
올라갈 때 보지 못한
그 꽃

_「순간의 꽃」

우선 궁금증을 일으키는 시어는 '내려갈 때'와 '올라갈 때'입니다. 보통은 내려가면 올라오거나, 올라가면 내려오거나 둘 중 하나로 표현합니다. 특정한 위치를 기준점으로 운동 방향을 표현하는 거지요. 그런데 고은 시인은 둘 다 '가다' 동사를 사용합니다. 묘합니다. 그러다가 인생을 생각해봅니다. 인생의 일방향성을 생각해본다면, 우리의 모든 행위는 가는 겁니다. 태어남에서 죽음으로, 과거에서 현재로, 젊음에서 늙음으로 늘 가는 거지요. 거기까지 혼자 생각하고 무릎을 탁 칩니다.

하나 더, "왜 올라갈 때는 보지 못한 꽃을 내려갈 때는 볼 수 있었을까?"라는 물음입니다. 바쁘게 정신없이 올라갔나? 그러다가 느긋하게 내려왔나? 젊은 시절에는 볼 수 없었던 것들이 이제 늘그막이 되니 보이게 된다는 말인가? 이런저런 상상을 해봅니다. 서양의 현상학자라면 '의식의 지향성' 운운하면서 설명을 했음직한 대목이지요. 그러나 상상을 거기서 접고, 이 시로 양명학의 대가 왕수인王守仁, 1472~1529의 이야기를 시작해보지요.

왕수인과 그의 제자가 했던 문답 중에도 이와 유사한 상황을 떠올릴 수 있는 에피소드가 하나 있습니다.

선생께서 남진으로 놀러간 적이 있었다. 어떤 제자가 바위틈에 꽃을 가리키며 물었다.

'세상에 마음과 무관한 사물은 없습니다. 그런데 이 꽃과 같은 경우는 깊은 산속에서 저절로 피어나서 저절로 지곤 하니 그것이 내 마음과 무슨 상관이 있습니까?

선생께서 말씀하셨다.

'그대가 이 꽃을 보기 전에 꽃은 그대의 마음과 함께 고요한 상태에 있었네. 그대가 와서 이 꽃을 보는 순간 꽃의 모습이 일시에 분명해졌네. 그러니 이 꽃은 그대의 마음 바깥에 있는 것이 아니라는 것을 알 수 있다네.'

_「전습록傳習錄」

남진은 현재 중국 저장성에 있는 회계산을 가리킵니다. 어느 날 제자들과 왕수인은 함께 그곳으로 놀러 갔나봅니다. 왕수인은 평소에 "마음 밖에 사물이 없다"라는 말을 자주 했지요. 그 이야기를 자주 들어온 제자 중 한 명이 의구심이 생긴 겁니다. '저기 저 꽃은 내 마음이 아니더라도 저렇게 버젓이 피어 있구나. 그런데 왜 선생님은 마음 밖에 사물이 없다고 말씀하신 걸까? 한 번 여쭤봐야지?' 뭐 이런 생각이었겠지요. 그래서 질문했더니 돌아온 왕수인의 대답이 그럴 듯합니다. "그대가 보기 전에는 꽃은 마음과 함께 고요한 상태에 있었네." 그러나 "그대가 와서 꽃을 보는 순간 꽃의 모습이 일시에 분명해졌네." 이 두 문장의 차이를 이해하면 왕수인의 사상을 이해하는 셈이 되네요. 보기 전과 보는 순간, 고요한 상태와 분명한 상태! 그러니까 왕수인이 이야기하는 마음은, 우리가 보통 생각하는 내면적이고 고정된 마음이 아니라, 어떤 대상을 향하여 움직이는 지향적 마음입니다.

　그 마음 한 가닥을 이해하면 왕수인이 이야기하는 마음이 보일 듯합니다. 왕수인은 무인다운 기질을 가진 열혈 청년이었습니다. 그는 도교나 불교에도 깊은 관심을 보였지만 결국은 유학, 특히 주희의 성리학에 심취하게 됩니다. 그러나 주희가 이야기하는 격물치지를 몸소 깨닫기 위해 대나무를 이레째 궁구窮究하지만 결국 병이 들고 맙니다. 처음에는 자신의 근기가 약하다는 자책감에 빠지지만, 나중에 온갖 고생을 겪다가 서른일곱에 '마음이 곧 이치(心卽理)'임을 깨닫습니다. 그가 숭앙해 마지않던 주희와는 다른 길을 걷게 된 것이지요. 아울러 주희의 격물치지론에 대한 비판도 수행하게 됩니다. 『전습록傳習錄』에 나오는 다음 구절을 볼까요.

　　주자가 말하는 격물이라는 것은 사물에 나아가 그 이치(理)를 연구하는 데 있다. 사물에 나아가 이를 연구한다는 것은 각각의 개별적 사물에 있는 이른바 정해진 이치를 구하는 것이다. 이것은 내 마음을 사용하여 각각의 개별적 사물 가운데서 이를 구하는 것이니, 마음과 이치를 둘로 나눈 것이다. 무릇 각각의 개별적 사물에서 이를 구하는 것은 부모에게서 효孝의 이치를 구한다는 말과 같다. 부모에게서 효의 이치를 구한다면 효의 이치는 과연 내 마음에 있는가, 아니면 부모의 몸에 있는가? 가령 부모의 몸에 있다면 부모가 돌아가신 뒤 내 마음에는 곧 어떤 효의 이치도 없게 되는가? 어린이가 우물에 빠지는 것을 보면 반드시 측은하게 여기는 이가 생긴다. 이 측은하게 여기는 이는 과연 어린아이의 몸에 있는가, 아니면 내 마음의 양지良知에 있는가?

_『전습록』

왕수인은 마음과 사물의 이치를 둘로 나누는 것의 부당함을 지적합니다. 왕수인에게 마음(心)과 이치(理)는 나눠지는 것이 아니라 하나이지요. 즉 '마음이 곧 이치'입니다. 그리고 여기에 적절한 사례 두 가지를 소개합니다. 효도라는 이치는 부모라는 사물에게서 나오는 것이 아니고, 측은지심은 위험에 처한 어린아이에게서 나오는 것이 아니라, 모두가 바로 우리 마음에서 나오는 것이라는 거지요. 우리 마음이 지향하는 바가 아니라면, 부모가 사라지면 효도 사라지고, 위험한 아이가 사라지면 측은지심도 사라지게 되는 셈이지요. 주희가 이야기하는 격물치지론의 맹점을 쉬운 예를 들어 비판한 셈입니다. 주희는 사물의 원리와 윤리의 기준을 대상(格物)을 통해 파악하려 하였지만, 왕수인은 정반대로 우리 마음을 보라고 말하지요. 도대체 마음의 무엇을 보라는 것일까요? 위 인용구를 읽으면서 눈치를 채셨겠지만, 맨 마지막 문장에 나오는 '양지良知'라는 단어가 눈에 띄지요? 이 개념은 맹자가 만들어낸 개념이지만, 이것이 널리 쓰인 것은 왕수인의 공로입니다. '양지'란 인간은 선천적으로 선과 악을, 옳음과 그름을 판단할 수 있는 좋은 지혜(良知)를 구분하는 능력을 갖는다는 거지요. 맹자식으로 말하면 시비지심是非之心이에요. 그러니까 왕수인은 우리 마음이 갖고 있는 능력을 보라는 거지요.

왕수인의 제자들은 왕수인의 가르침을 네 개념으로 정리합니다. 마음(心), 뜻(意), 앎(知), 사물(物)입니다. 이 네 개념은 서로 밀접한 연관을 맺고 있는데, 이를 '네 구절의 가르침(四句敎)'이라 합니다. 볼까요?

> 선도 없고 악도 없는 것이 마음의 본모습이고, 선도 있고 악도 있는 것이 뜻의 움직임이다. 선을 알고 악을 아는 것이 양지이고, 선을 실천하고 악을 제거하는 것이 격물이다.
>
> _「전습록」

'마음'의 본모습은 모든 존재에게 열려 있습니다. 특정한 대상을 사랑하지도 미워하지도 않지요. 그러나 뜻이 움직이면 선과 악 중 하나를 선택하게 되지요. 그것이 '의지'의 힘입니다. 그러기에 우리는 선과 악을 알아야 합니다. 다행히도 우리는 우리 뜻이 선한지 악한지 구별할 수 있습니다. 그것이 곧 '양지'이지요. 그 양지가 선하다고 판단한 것을 실천하고, 악하다고 판단한 것을 실천하지 않는 것이 곧 '격물'입니다. 주희에게 격물이 판단 대상이자 원천이었다면, 왕수인에게 격물은 윤리적 실천의 기준인 셈이지요. 왕수인은 지행합일知行合一을 소중하게 생각했습니다. 앎과 함, 지식과 실천의 근거가 바로 마음에서 옵니다.

결국 실천하기 위해서 우리는 부단히 우리의 선천적 앎인 양지에 도달하려고 노력해야 합니다. 그래서 왕수인이 자기가 평생 공부한 것은 '양지에 도달하는 것(致良知)'뿐이라고 말한 것입니다. 왕수인의 수양론이지요. 그렇게 수양한 마음으로 가족과 사회, 나라와 모든 생물에 자신의 마음을 뻗어가는 것! 그래서 "사람은 하늘과 땅의 마음이고, 하늘과 땅의 만물은 본래 나와 한 몸"임을 깨닫는 것, "백성의 곤궁과 고통을 모두 나의 몸에 절실한 아픔"으로 느끼는 것, "그 아픔을 모르고는 옳고 그름을 분별하는 마음이 없음"을 깨달아야 합니다.

양수인의 마음공부는 그것을 통하여 자신의 불안감을 해소하려는 것도, 삶의 위로를 찾고 싶었던 것도 아닙니다. 자신의 마음을 넓혀 하늘과 땅의 이치에 도달하고 싶었던 것이고, 그렇게 만물이 본래 한 몸임을 깨달으려는 것이었습니다. 그리하여 백성의 아픔을 자신의 절실한 아픔으로 삼으려 했던 것입니다. 지행합일의 이상은 이처럼 높고 깊은 것이었지요. 현대를 살아가는 우리네 마음공부의 목표와 어찌 그리 다른지요.

양수인의 마음 한 자리라도 더듬을 수 있다면, 그때 우리는 이러한 시에도 절절히 공감할 수 있을 거라 생각해봅니다.

한쪽 날개가 없어진
파리가 엉금엉금 기어가고 있다

오늘 하루도 다 가고 있다

_ 「순간의 꽃」

고은의 시입니다.

개 같은
인생

이지

    인간이 도달해야 할 상태가 어림일까요, 늙음일까요? 우리말 '어리디'는 '어리석다'는 뜻을 담고 있지요. 그래서 어린이는 미성숙하고 불완전하며 덜떨어진 존재로 생각되었지요. 하지만 그와 정반대로 생각할 수도 있잖아요. 가장 순수하고 완전하며 모든 가능성을 기지고 있는 존새의 원형이라고. 그 어린이가 성장하면서 오염되고 타락하며 하찮은 존재로 전락하는 것이 아닌가 하고. 거기에 걸맞은 시 하나로 시작해볼까요.

    하늘의 무지개를 바라보면

    내 마음 뛰노나니

    나 어려서 그러하였고

지금도 그러하거늘

나 늙어서도 그러하리라

아니면 나의 목숨 거두어다오

어린이는 어른의 아버지

원하노니 내 생애의 하루하루가

천성의 경건한 마음으로 이어지길

_「무지개」

영국의 시인 윌리엄 워즈워스William Wordsworth의 「무지개Rainbow」입니다. 시인은 '어린이는 어른의 아버지'라고 노래합니다. 그 이유인즉, 어린이야말로 하늘의 경건과 이어진 신령한 존재이기 때문이지요.

이와 같은 태도는 시인의 시선에서만 확인되는 것이 아닙니다. 서양 철학자 니체의 『차라투스트라는 이렇게 말했다Also sprach Zarathustra』에서도 '어린이 예찬'을 발견할 수 있어요. 볼까요?

나 이제 너희에게 정신의 세 단계 변화에 대해 이야기하련다. 정신이 어떻게 낙타가 되고, 낙타가 사자가 되며, 사자가 마침내 어린아이가 되는가를. (…)

어린아이는 순진무구요 망각이며, 새로운 시작, 놀이, 스스로의 힘에 의해 돌아가는 바퀴이며 최초의 운동이자 거룩한 긍정이다.

그렇다 형제들이여, 창조의 놀이를 위해서는 거룩한 긍정이 필

요하다. 정신은 이제 자기 자신의 의지를 원하며, 세계를 상실한 자
는 자신의 세계를 획득하게 된다.

_『차라투스트라는 이렇게 말했다』

니체는 위버멘쉬Übermensch, 초인가 되기 위해서는 세 단계 변화를 해
야 한다고 말합니다. 첫 번째 단계가 낙타의 단계, 즉 모든 것을 자신의
운명이라 생각하며, 삶의 짐을 끌어안고 수용하며 사막을 걷는 자이지
요. 일상을 살아가는 보통 사람의 단계가 바로 이 단계입니다. 무조건적
인 '단순 긍정'의 단계라 할 수 있지요. 그다음 단계는 사자의 단계, 자신
이 처한 상황을 긍정하지 않고 이에 저항하며 자유를 추구하는 단계이
지요. 자신의 삶을 방해하는 모든 적과 피 튀기는 한 판 승부를 마다하지
않는 전사의 단계, 그래서 기어코 자유를 쟁취하고 자신이 원하는 것을
얻어내려는 투쟁 단계가 바로 이 단계입니다. '절대 부정'의 단계라고 말
할 수 있으려나요. 마지막 단계가 바로 어린이의 단계. 새로운 시작을 위
해 이전의 시작을 부정하고, 새로운 놀이를 위해 애써 쌓아놓은 장난감
을 부수면서 새 놀이를 창안하는 단계, 창조를 위해 파괴를 마다 않는 단
계, 자기 세계를 획득하기 위해 이전 세계를 상실하는 단계, '거룩한 긍
정'이라 부를 수 있는 단계가 바로 어린이의 단계이지요.

정작 궁금한 것은 왜 시인이, 철학자가 '어린이'를 자신의 세계로 소환
하는 걸까요? 아둔한 뇌를 돌려 추론해보면, 그것은 시대 비판과 깊은 연

관이 있다고 볼 수 있습니다. 완고한 이념이 지배하는 시대, 그래서 창의적 사고와 새로운 삶이 거의 불가능해진 세상, 사람들의 삶이 지루해지고 나태하여 변화라고는 상상도 하지 않는 사회, 한 사회학자의 말을 빌리면 티나TINA, There is no alternative가 지배하는 사유가 온통 사람들의 삶을 둘러싸고 있을 때, 시인과 철학자는 어린이를 소환합니다.

명나라 말엽에 불꽃처럼 살아간 중국 사상가 탁오 이지卓吾 李贄, 1527~1602도 바로 그러한 사람입니다. 그 또한 어린이를 자신의 이상적 존재로 규정합니다. 그의 대표 저서 『분서焚書』에는 다음과 같은 구절이 있어요.

> 어린아이의 마음은 '참된 마음'이다. 만약 동심童心이 있으면 안 된다고 하면, 이는 참된 마음이 있으면 안 된다고 하는 것과 마찬가지다. 동심이란 거짓 없고 순수하고 참된 것으로, 최초의 하나의 마음이요, 본래의 마음이다. 동심을 잃으면 참된 마음을 잃는 것이며, 참된 마음을 잃으면 참된 사람(眞人)을 잃는 것이다. 사람이 참되지 않으면 최초의 본심은 더 이상 전혀 있지 않게 된다. 아이는 사람의 처음이요, 동심은 마음의 처음이다. 마음의 처음을 어찌 잃을 수 있으리오!
>
> _『분서焚書』

니체가 아이를 최종 단계로 상정했듯이, 이지는 아이의 마음(童心)을 최초의 마음이자 본래의 마음이라고 생각했지요. 이러한 깨달음을 얻기 전에 이지는 자신의 상태를 '개 같다'고 표현합니다.

> 나는 어릴 때부터 성인의 가르침이 담긴 책을 읽었지만 성인의 가르침이 무엇인지 몰랐고, 공자를 존중했지만 공자에게 무슨 존중할 만한 것이 있는지 몰랐다. 속담에 이른바 난쟁이가 키 큰 사람들 틈에 끼어 굿거리를 구경하는 것과 같아, 남들이 좋다고 소리치면 그저 따라서 좋아한다고 소리치는 격이었다. 나이 오십 전까지는 나는 정말 한 마리 개와 같았다. 앞의 개가 그림자를 보고 짖어대자 나도 따라 짖어댄 것일 뿐, 왜 그렇게 짖어댔는지 까닭을 묻는다면, 그서 벙어리처럼 아무 말 없이 웃을 뿐이었다.
>
> ―「분서」

공자는 나이 오십에 하늘의 뜻을 알았다는데(知天命), 이지는 나이 오십에 자신의 삶이 개 같음을 깨달았다고 하니, 이느 깨달음이 더 가슴에 와 닿으시는지요? 그는 이 깨달음 이후에 자유로운 존재가 됩니다. 생각이 변했을 뿐만 아니라 삶도 아이처럼 순진무구해집니다. 서양철학자 질 들뢰즈Gilles Deleuze의 용어를 사용하면, 그는 완전히 '어린이 되기becoming-child'에 성공한 거지요. 그 후 그는 다른 성인들이 보기에는 거의 광인狂人 같은 정신을 갖게 되지요. 당대의 권력과 가치, 도덕과 윤리도 그의 자유로움을 막지 못하지요. 그는 이제 당대 사회에 가차 없는 비판을 가합니다.

　그에겐 더 이상 공자니, 맹자니, 부처니, 예수니 하는 특정한 교리나 가치 체계가 필요하지 않았지요. 그는 유학자이지만 머리를 깎고 불당에 머물기도 합니다. 공자의 형상을 버젓이 걸어놓고요. 그리고 그는 명나라의 선교사로 있던 마테오 리치Matteo Ricci와도 자유로이 교분을 쌓습니다. 별거 아닌 관직 생활도 오래가지 못했어요. 그는 관직에서 벗어나 말년까지 독서와 저술에 몰두합니다. 그래서 그의 저술 『분서焚書』와 『장서藏書』가 우리에게 전해진 겁니다. 책 제목은 그의 운명과 같이합니다. 『태워버려 할 책』, 『감춰야 할 책』! 실제로 그는 거짓된 학문으로 세상을 미혹하고 백성을 속였다는 죄목으로 감옥에 갇히고, 처형당하기 직전 자결함으로써 생을 마감했지요. 그리고 그의 책은 자신의 예언대로 태워지고 감춰집니다.

　동심을 회복하자 그는 모든 존재를 평등하게 볼 수 있게 되었지요. 어린이에게 권위가 필요 없듯이, 성인도 그의 저술도 그에게는 중요하지 않았어요. 우리가 경전이라 칭송하는 것 역시, 후대에 그의 후광을 입고자 하는 어쩌면 불순한 의도로 쓰인 것이라 할 수 있지요. 차라리 성실하게 일하는 상인이나 농부가 위선적인 지식인보다 낫다고 생각했지요. 그리고 지식인연然하는 언어보다는 평민의 생활 언어가 더 진술하다고 생각했어요. 인간이 가진 기본적인 욕구와 마음은 그 자체로 인정해야 하는 것이지, 인위적인 권위나 가치 체계로 재단해야 하는 것이 아니었어요. 그는 남녀평등을 주장했고, 과부의 재가를 찬성했으며, 심지어 과부를 제자로 받아들이기도 했지요. 그가 보기에 존재 차원에서는 모두가 평등했어요. 심지어 스승과 제자의 관계조차 평등에 기초해야 한다고 생각했지요. 그래서 그는 사제 관계를 우정 관계로 재정립했어요.

나는 스승과 친구는 원래 하나라고 생각한다. 둘이 다르단 말인가? 그러나 세상 사람들은 친구가 곧 스승임을 모르고, 사배四拜를 올리고 학업을 전수받은 사람만이 스승이라고 여긴다. 또한 스승이 곧 친구임을 모르고, 그저 함께 사귀어 친밀한 관계를 맺은 사람만이 친구라고 여긴다.

_「참된 스승」

어찌 그렇지 않겠습니까? 인간관계의 질적인 변화는 그렇게 이루어지는 것이지요. 처음에는 스승으로 만나다가 다음에 친구가 되어야 합니다. 친구가 될 수 없는 스승은 진정한 스승이 아니지요. 그래서 니체는 이렇게 말했어요.

영원히 제자로만 머문다면 그것은 선생에 대한 도리가 아니다. 너희는 어찌하여 내가 쓰고 있는 이 월계관을 낚아채려 하지 않는가?

_「베푸는 덕에 대하여」

그리고 제가 사랑하는 젊은 성자 예수도 이렇게 말했어요.

내 계명은 이것이다. 내가 너희를 사랑한 것과 같이, 너희도 서로 사랑하여라. 사람이 자기 친구를 위하여 자기 목숨을 내놓는 것보다 더 큰 사랑은 없다. 내가 너희에게 명한 것을 너희가 행하면, 너희는 나의 친구이다. 이제부터는 내가 너희를 종이라고 부르지 않겠다. 종은 그의 주인이 무엇을 하는지를 알지 못한다. 나는 너희를 친구라고 불렀다. 내가 아버지에게서 들은 모든 것을 너희에게 알려주었기 때문이다.

_「요한복음」 15: 12~15

세상이 보기에는 광인이었던 이지는 체계적인 학문을 버리고 자기마음에 솔직해짐으로써 어린이의 경지에 도달했고, 스승임을 버리고친구를 선택했지요. 양명학은 그로써 명맥이 끊어지는 운명에 처했지만, 그는 대신 수많은 친구를 얻게 되었어요. 여러분도 그와 친구가 돼보시지요.

02 사회

반대로만 가는 세상,

순응할까 맞설까

地

인문학은 세상의 소리에 귀를 기울입니다. 그것이 아무리 작고 보잘것없는 소리라 할지라도. 아니 오히려 작고 보잘것없는 소리이기에 더더욱 귀를 기울이는 것이겠지요. 그래서 인문학은 삶의 후방에서 관찰하지 않고, 삶의 최전선에서 싸우고 저항하며 좌절하고 넘어지지요. 그리고 다시 일어나 자신의 길을 갑니다. 옛날에는 잠수함에 토끼를 태웠다고 합니다. 산소가 부족한 것을 가장 빠르게 인지하는 토끼가 있어 부상해야 할 시간을 감지할 수 있었지요. 인문학은 그런 것 아닐까요? 우리가 얼마나 아픈지, 어디로 가야 할지 가장 민감하게 반응하는 학문 말이에요.

이번 장에서는 춘추전국시대에 사회개혁을 위해 전 생애를 바쳤던 공자, 맹자, 손자, 한비자, 묵자를 소개합니다. 가는 방향과 시대는 달랐지만, 자신들이 처한 상황에서 최선을 다해 노력한 사상가들이지요. 한편 한 제국의 지배 이념을 확립했던 유학자 동중서가 등장합니다. 유학의 역사는 그 이후 국교화되어 최고이자 최강의 이데올로기가 되었지요. 마지막으로 일본과 서양 제국주의 열강의 침략에 맞서 근대화된 중국을 건설하기 위해 노력했던 혁명가들을 소개할 것입니다. 가장 아름다운 대동세계를 꿈꾸었던 캉유웨이와 중국 민주주의 혁명을 위해 투쟁했던 쑨원, 제국주의 세력을 몰아내고 현재의 중국을 건국한 마오쩌둥이지요. 이들의 삶과 고민을 따라가면서 우리 사회의 현재를 진단하고 미래를 상상해보는 것도 재미난 작업이겠지요.

안 될 줄은
알지만

공자

천기영 선생님이 쓴 『누란』을 읽었습니다. 선생님은 칠순이 거의 다 되셨는데도 30~40대쯤이나 쓰는 젊은 문체와 실험정신이 눈에 띄었고, 팔팔 뛰는 역사의식에 몸서리쳤습니다. 게다가 『지상에 숟가락 하나』이후 10년 만에 쓰신 소실이라 반갑기도 하고, 놀랍기도 하고, 부럽기도 하고, 부끄럽기도 했습니다. 노익장에 반갑고, 소설의 젊음에 놀라고, 아직 잃지 않은 그 원칙이 부럽고, 그렇지 못한 저 자신이 부끄러웠던 게지요.

소설의 주인공 허무성의 삶은 오롯이 우리, 이른바 386세대와 동시대를 관통하면서 우리 삶을 반추하게 합니다. 고문실에서 고문을 못 이겨 핵심 조직원의 명단을 불고 풀려나온 후, '회사'의 도움으로 일본에 유학하여 역사학 박사학위를 받고 회사가 깊이 관여하는 대학에 교수로 임용되어 생계를 유지하는 허무성의 모습에서 이름처럼 허무한 우리의 자화상을 봅니다. 소설 제목처럼 '누란'은 모래바람에 삼켜져버린 중국 고대의 누란왕국을 뜻하기도 하지만, '누란지위累卵之危'에서 알 수 있듯, 위태로이 흔들리는 우리의 삶이기도 합니다.

허무성을 둘러싸고 등장하는 인물들 역시 우리의 거울상입니다. 감옥에 간 것을 이력 삼아 보수정당의 정치꾼으로 변신하는 인물, 운동권에서 배워먹은 학식과 방법으로 학원에서 논술강사를 하는 인물, 계속해서 운동하려 하지만 조직의 배척으로 결국 노숙자로 전락하는 인물, 빠르게 변해가는 사회에 적응하지 못하고 직장에 사표를 던지는 인물, 자식을 잃고 거기에 자신마저도 잃어버려 텔레비전 속 싸구려 멜로물에 자신을 맡기다가 결국 자신을 찾아 인도로 떠나는 인물, 아무런 사회의식이나 저항의식 없이 자신의 출세와 현실적 성공만 좇아 살아가는 월드컵 세대인 젊은 인물들, 거기에 새로운 저항의식을 창조하기 위해 몸부림치는 신세대까지 포개지면서 우리 현실을 입체적으로 조명합니다.

『누란』을 읽으며 새삼 몸서리쳐지게 깨닫는 것은 파시즘 세력의 멀쩡한 위력입니다. 검사 출신의 고문자 김일강, 그는 주인공 허무성을 고문하면서도 한편으로는 가족에게 자상하게 전화를 거는 한 집안의 가장이기도 합니다. 한때는 음지를 지향했으나 이제는 버젓이 국회의원이 되어 화려했던 박정희 시절을 복원하기 위해 '회사'를 관리하는 핵심 멤버가 됩니다. 거기에 우리의 최근 역사 6.10항쟁과 한일월드컵이 겹치면서 온갖 군상이 살아 있는 듯 등장합니다. 주인공 허무성을 끈질기게 포섭하여 자기편으로 만들려는 김일강의 노력은 눈물겹기조차 합니다. 결국 허무성은 이 유혹을 물리치면서 자신의 모든 것을 포기하고 노숙자의 삶을 선택하게 됩니다. 노숙자의 삶은 바로 한때는 치열하게 살았지만 이제는 효용성을 상실한 것처럼 보이는 과거 운동권의 상징적 모습이기도 합니다. 현기영 선생님은 이 누추한 현실을 직시합니다. 거기에는 어떤 희망도 없어 보입니다. 희망 없이 출발하여야 합니다.

비루먹은 강아지처럼 낡은 세대로 취급받으며 한 세월을 살다간 이런 인물이 중국에도 있습니다. 춘추시대 노나라에서 무당인 어머니 안징재와 하급무사 출신인 숙량흘 사이에서 야합하여 태어난 공자孔子, BC551~BC479가 바로 그입니다. 어릴 적 이름은 짱구(丘). 그나마 아비를 일찍 여의고, 홀어머니를 모시고 힘겹게 성장한 공자가 감히 꿈꿨던 것은 주나라처럼 예의가 넘치는 나라였습니다. 주나라가 서서히 몰락하면서 백 개가 넘는 제후국이 서로 전쟁을 치르던 무력의 시기에 공자는 무치武治가 아니라 문치文治, 힘이 아니라 도덕으로 중국의 통일을 도모하려 합니다. 과거의 낡은 제도를 갈아엎고 그 자리에 힘을 기반으로 한 법치국가를 건설하려는 개혁주의자들 눈에 공자는 과거 제도로 돌아가려는 반동 보수주의자일 뿐이었습니다. 또한 자연적이고 자율적인 소규모 공동체를 꿈꿨던 노장주의자 처지에서 보면 공자는 인위적인 세상을 꿈꾸는 도덕적 이상주의자에 불과했습니다. 이른바 정치계의 왕따인 셈이지요. 50대에 제자들을 양성하고, 노나라에서 높은 관직에도 오르지만 그나마도 잠깐이었습니다. 노나라에서 모함으로 쫓겨나 50대 후반과 60대 대부분을 떠돌이 논객으로 보냅니다. 어느 나라에도 정착하지 못하고 12년 동안이나 떠돌다 고향으로 돌아오니 68세. 다 늙어서 돌아와 5년을 더 살다가 죽습니다.

이러한 역사적 사실은 우리를 놀라게 합니다. 중국 역사뿐만 아니라 우리나라 역사에도 가장 지배적인 영향을 끼쳤던 공자가 정작 당대에는 가장 비루한 삶을 살았다는 사실 말입니다. 꿈과 이상은 높으나 아무도 그의 뜻을 받아들이지 않아 번번이 실패한 인생, 가난을 몸에 달고 다닌 삶, 여기저기서 현실은 모르고 이상만 높은 자라고 손가락질받았던 생애. 그 가난과 외로움과 소외됨을 원망하지 않고, 오히려 자기 성장의 자양분으로 삼은 참 드문 인간 공자의 삶이 말입니다. 그래서 그런지『논어』의 첫 구절은 심상치 않게 읽힙니다.

배우고 그것을 때맞춰 실천하면 기쁘지 않겠는가.
벗이 먼 곳에서 찾아온다면 즐겁지 않겠는가.
사람들이 알아주지 않더라도 성내지 않으면 군자가 아니겠는가.

_「논어」

이 구절을 현실에 맞춰 삐딱하게 생각하면 이렇습니다. '공자는 참 힘들었겠구나. 배움은 넘쳐나지만 그것을 실천할 곳도 없고, 주변에 친구가 없어 어쩌다 먼 곳에서 찾아온 친구를 반기고, 사람들에게 무시와 멸시를 당하면서 화조차 내지 못하는 신세였으니!' 그러다가 이렇게도 생각해봅니다. '그래, 이상과 현실이 일치하는 시대가 언제 있었으며, 참다운 친구를 사귀기가 얼마나 드문 일이며, 자신을 진정으로 알아주는 사람을 만나는 것이 얼마나 기적 같은 일이겠는가. 그래도 공자는 행복한 사람이지. 자신을 따르는 제자들이 죽을 때까지 있었으니 그리 외롭지는 않았을 거야.'

공자의 가장 큰 무기는 배움이었습니다. 아버지를 일찍 여의고 그가 선택한 것도 배움이었고, 평생을 두고 그가 추구한 것도 배움이었습니다. 그는 천재도 아니었고 귀재도 아니었지만 배움에서만큼은 누구에게도 뒤지지 않았지요. 공자가 말합니다. "열 가구의 작은 마을에서도 나보다 충성스럽고 믿음직한 사람이야 있을 테지만, 나만큼 배움을 좋아하는 사람은 없을 거야."

이런 일도 있었습니다. 섭공葉公이 공자의 제자인 자로子路에게 공자의 인물됨을 물었는데, 자로가 우물쭈물하고 대답하지 못했습니다. 이 사실을 나중에 공자에게 말하자, 공자는 자로에게 이렇게 말합니다. "너는 어찌 스승은 한번 공부하면 먹는 것도 잊고, 깨달으면 즐거워하여 온갖 근심을 잊어 늙음이 닥쳐오는 줄도 모르는 이라고 말하지 않았느냐?"

한편 공자에게 가장 큰 짐은 가난이었을 겁니다. 공자가 가장 사랑한 제자이며 공자의 사상을 가장 정확히 이해했다는 안연顏淵이 31세에 요절한 원인도 가난이었습니다. 50대 후반에 노나라에서 달아나 제자들과 천하를 떠돌 때에도 그를 가장 맹렬하게 추격한 것은 가난이었습니다. 그에 대한 에피소드. 진나라 땅에서 양식이 떨어져 제자들이 영양실조에 일어나지도 못할 지경에 이르자, 성마른 제자 자로가 이렇게 말했습니다. "군자도 역시 궁핍하답니까?" 이에 대한 공자의 답. "군자야말로 짐짓 곤궁할 줄을 알지. 하지만 소인은 궁핍하면 바로 넘치느니라."

당대에 외롭고 힘들었지만 그를 끝끝내 역사적 인물로 만든 것은 그의 제자들이었습니다. 그는 현실정치에서는 실패했지만 미래정치에서는 성공한 인물이지요. 자신의 사상을 익히고 전파할 뛰어난 제자들을 두었으니 말입니다. 가난했지만 공자만큼이나 배우기를 좋아했던 안연, 주먹만 믿고 힘을 자랑했지만 공자를 만나 스승을 그림자처럼 모셨던 자로, 이재에 밝아 여유로운 삶을 살 수 있었지만 공자의 시묘 살이를 6년이나 지낸 재력가 자공子貢, 그 밖에 그의 수많은 제자는 그에게 가르침을 받고 공자학파로 그의 뒤를 이었습니다. 춘추전국시대를 마감하고 진나라가 천하를 제패했을 때에는 별로 대접받지 못하다가, 한나라에 이르러 공자는 화려하게 부활합니다. 이스라엘 작은 마을에서 발흥하여 로마의 국교가 되면서 비약적으로 성장한 서양의 기독교처럼, 공자의 유교는 한나라의 공식 학문으로 인정받으면서 이후 중국을 지배하는 핵심 이데올로기가 되는 것입니다.

이 자리에서 유교의 공과를 논하거나 득실을 따지려는 것이 아닙니다. 그저 한 시대를 소신 있게 살았던 우직한 공자의 삶에서 우리 시대 운동권의 향방을 가늠해볼 뿐입니다. 빠르게 변하는 세상에 맞춰 처세하는 자들을 역사는 기억하지 않습니다. 그들은 마치 파도의 포말과 같아 거세게 밀려오지만 역사라는 바위에 부딪히면 모양도 없이 사라져버리고 맙니다. 그들과 달리 공자는 거대한 해류 같습니다. 가난하고 불우한 그의 삶도 사상의 견결함을 꺾지는 못했습니다. 당대에 받았던 냉담과 조소도 그의 솔직함과 정직함, 원칙을 지키며 타협하지 않으려는 자세를 바꿀 수는 없었습니다. 그래서 저는 이제 힘을 잃고 몰락했다고 생각하는 운동권에게 공자의 삶을 배우자고 권유하고 싶습니다. 그의 사상이 아니라 그의 삶 말입니다.

그때 공자의 『논어』 첫머리는 이렇게 운동권 슬로건으로 해석될 수 있다고 생각합니다.

학습하라 - 배우고 그것을 때맞춰 실천하면 기쁘지 않겠는가.

조직하라 - 벗이 먼 곳에서 찾아온다면 즐겁지 않겠는가.

성찰하라 - 사람들이 알아주지 않더라도 성내지 않으면 군자가 아니겠는가.

마지막으로 『누란』에 실린 작가 후기와 『논어』에 실린 공자의 말을 인용할까 합니다.

절망은 절망으로 끝나지 않을 것이다. 철저하게 절망하여 그 밑바닥에 닿으면 거기에서 새로운 정신, 새로운 자아가 탄생하고, 그때 우리는 바닥을 걷어차고 힘차게 수면 위로 떠오르게 될 것이다.

_『누란』

성문을 지키는 문지기가 물었다. '어디서 오는 길이오?'
공자의 제자 자로가 답했다. '공자에게서 오는 길이지요.'
문지기가 말했다. '음, 그 안 될 줄을 뻔히 알면서도 뚜벅뚜벅 길을 걷는 자 말이오?'

_『논어』

쾌락의
공공성

맹자

    2009년 가을, 아내가 세 곁을 떠났습니다. 둘째아이 지우를 데리고. 이혼 이야기가 아닙니다. 귀농 이야기지요. 아내는 소비 지향적이고 경쟁적인 도시 생활에 일찌감치 신물이 났었나봅니다. 돈 조금 더 벌고, 삶 조금 더 편안하게 사는 도시적 유혹에 빠지기엔 아내가 무척 지혜로웠다고 할까요? 더 벌어주겠다는 허황된 약속도 소용이 없었지요. 나중에 사태를 파악해보니 아내의 반란은 아주 조용히, 아주 지속적으로 모색되고 있었습니다. 2009년 초 덥석 실상사 귀농학교 프로그램에 보낸 제 어리석음이 그 속도를 더하게 만들었습니다. 아내에겐 남원의 산내면에서 생활한 일주일이 저와 도시에서 산 18년을 뒤집을 만큼 놀라운 것이었나 봅니다.

아내는 귀농 프로그램을 마치고 돌아오자마자 남원으로 내려가겠다고 했습니다. 이제는 덜 벌고, 덜 쓰더라도 자연과 더불어 사람다운 사람과 더불어 힘들더라도 새로운 삶을 살아보겠다고, 조용하지만 단호하게 제게 '통보'하였지요. 저는 평소에 쿨한 모습을 보여주었기에 일관성을 유지하면서 아내의 결단을 지지하였습니다.

하지만 그때에 저는 이 작은 변화가 얼마나 급진적인 것인지 가늠할 수 없었습니다. 아내 없는 해방감과 즐거움도 잠깐, 아내가 떠나고 한 달이 지나자 제 삶은 거의 폐인 모드로 전환하였지요. 규칙적인 생활도 엉망이 되었고, 규모 있는 살림살이는 아예 꿈꿀 수도 없었습니다. 곳곳에서 연체 통지서가 날아왔고, 제 수입으로는 가정을 꾸리기에 역부족이라는 엄정한 현실을 깨달을 수 있었습니다. 저는 될 대로 되라며 '개꼬장'으로 이 엄청난 사태에 저항하였으나, 현실적으로 밀려오는 압박감은 그야말로 상상 이상이었지요. 아내의 부재가 만들어낸 공간은 제가 상상한 것보다 훨씬 넓고 컸습니다. 저는 백기를 휘날리며 아내에게 투항할 것인가, 아니면 최후의 몸부림을 치며 저항할 것인가의 길목에 서 있었지요.

무엇일까요, 아내를 그토록 단호히 결단하게 만든 것은? 주류가 물질적 행복을 찾아 일로 매진할 때 물질적인 모든 것을 포기하고 새로운 삶을 선택하게 만든 힘은?

아내가 떠난 지 2주일이 지나 남원으로 내려갔을 때, 아내는 보살과 같은 미소를 지으며 저를 맞이하였지요. 실상사 귀농학교의 기숙 공간에서 두 평 남짓한 작은 방에 머물면서, 막내아들 지우를 시골학교에 전학시키고, 새벽마다 일어나 귀농학교 학생들을 위해 아침 공양을 준비하는 것이 아내의 일상사였습니다. 낮에는 논이며 밭으로 나가 평생토록 해보지 않았던 육체노동을 했지만, 아내의 표정은 그 어느 때보다 평화로웠고, 상태는 안정적이었어요. 아내 주변에는 아내의 삶을 지원하고 동참하는 여러 동지가 굳건하게 서 있었고요. 저는 갑작스레 이방인이 되어 그들과 섞이지도 못하고 이빨 빠진 나사바퀴처럼 공회전을 하다가 3일이 지나서 다시 일산으로 돌아왔습니다. 돌아오며 이 낯선 감정을 추스르기 위해 공연히 쉴 시간도 아닌데 낯선 휴게소에 들러 커피를 뽑아 마시며 연거푸 담배에 불을 붙였지요.

주류가 아닌 삶을 선택하는 것! 그것은 제 젊은 시절의 모습이었습니다. 그런데 나이 들어 중년이 되자 어느덧 저는 주류적 삶을 무의식적으로 즐기고 있었어요. 적절한 수입과 적절한 교양, 분에 넘지지 않는 저항의식이, 나는 남들과 다르다는 오만함과 합쳐져 제 모습이 직조되었던 겁니다. 제 저항은 급진성을 상실하였고, 그 상실이 세상을 살아가는 오래된 지혜라고 자위하면서 살아가고 있었어요. 그런데 아내는 제가 잃어버린 급진성을 갑작스럽게 저에게 상기시켰지요. 저에게 조용히 "너도 여태껏 살아온 삶을 포기할 수 있으냐"라며 몸으로 웅변하고 있었어요. 지금까지 살아온 제 삶과는 전혀 다른 삶을 선택하는 용기를 보여주면서 제 현실 적응력을 비웃고 있었습니다.

　　맹자가 양혜왕을 만나 뵈었을 때 왕이 말했다.
　　"선생께서 천리 길을 멀다 않고 찾아주셨으니 장차 이 나라를 이
롭게 할 방도를 가져오셨겠지요?"
　　맹자가 대답하였다.
　　"왕께서는 어찌 이로움을 말씀하십니까? 오직 인仁과 의義가 있
을 따름입니다."

_「맹자」

　　때는 전국시대. 힘없는 제후들은 이미 사라져버리고 전국에 패권을
휘두르는 왕들이 서로 힘을 팽팽하게 견제하며 호시탐탐 영토 확장과
권력 확대를 위해 경쟁하던 시대. 그야말로 모든 것이 힘(권력과 군사력과
경제력)으로 표현되던 시대. 이 절대군주의 시대에 맹자는 활동하였습니
다. 맹자孟子, BC372~BC289는 공자 사후 100년경에 활동한 사상가이지요.
맹자가 활동할 당시 유학은 영향력이 실로 미미하였어요. 군주는 패권
을 강화하기 위한 병가兵家나 법가法家를 중용하였고, 전쟁에 신물이 난
민중은 전쟁 반대를 주장한 묵가墨家나 개인의 존엄성을 강조한 양주楊朱
의 사상을 선호하였지요. 유가를 계승한 맹자는 이쪽에서도 저쪽에서도
호응을 받지 못하였습니다. 군주에게 맹자는 현실을 반영하지 못한 공
상가에 불과했고, 민중에게 공자는 격식이나 학문을 숭상하는 지식인에

지나지 않았지요.

하지만 맹자는 패권중심적·현실투항적 시대에 외로운 솔로가 되기를 포기하지 않았어요. 그는 양혜왕의 물음에 이렇게 말했지요.

"만약에 왕께서 이로움만 따진다면 정치가도 그렇게 될 것이고, 지식인도 그렇게 될 것이며, 서민들도 그렇게 될 것입니다. 모든 사람이 서로 다투어 현실적 이익만 추구한다면 나라가 위태롭게 될 것입니다. 그렇게 되면 모든 사람이 자신보다 많이 가진 자를 해하게 될 것이고, 자신이 가진 것이 결코 적지 않지만 늘 만족할 수 없을 것입니다."

무한 경쟁이 미덕인 오늘날 맹자의 말은 그야말로 귀신 씻나락 까먹는 소리로밖에 들리지 않을 것입니다. 경제력만이 살길이라고 모두 말하는데, 거기다 대고 사람다움(仁)과 사회적 정의(義)를 이야기하는 맹자의 소리를 누가 귀 기울여 듣겠습니까? 우리 사회의 모습이 자연스럽게 겹쳐집니다. 2,000일이 넘게 농성 투쟁을 해도 사회적 관심을 얻지 못하는 재능교육 문제, 철탑으로 송전탑으로 크레인으로 올라가 목숨을 건 시위를 해도 해결 안 되는 쌍용자동차, 한진중공업 사태…. 사회적 불의를 외치는 사람은 넘치지만 그 목소리에 귀 기울이는 자는 이토록 무력한 우리 사회를 맹자는 어떻게 볼까요?

다시 맹자는 말합니다. "나라에게 가장 귀한 것이 백성이다. 그다음이 제도(사직)이고 임금이 가장 가벼운 존재다." 우리가 보통 민본주의民本主

義라 말하는 사상이 바로 맹자의 사상이지요. 맹자는 공자를 계승하되, 공자의 추상적 사상을 더욱 현실화해 사회적 이념으로 구체화하였습니다. 맹자의 관점에 따르면 경제 발전이라는 논리도, 대통령이라는 지위도 백성의 삶 앞에서는 부차적인 것이 되지요. 인권과 사회정의가 생략된 통치 권력은 마땅히 사라지고 교체되어야 할 것이고요. 그러면 어떠한 통치 권력이 필요할까요?

맹자가 양혜왕을 찾아갔을 때, 마침 왕은 연못가에 서서 고니와 사슴 등 온갖 짐승을 바라보고 있었습니다. 양혜왕이 맹자에게 물었습니다.

"지혜로운 사람(賢者)도 이런 것들을 즐깁니까?"

맹자가 대답했습니다.

"지혜로운 사람이라야 이런 것들을 즐길 수 있습니다. 현자가 아니라면 비록 이런 것들을 가지고 있다 하더라도 즐길 수 없습니다."

그러면서 맹자는 양혜왕에게 『시경詩經』의 한 대목을 소개합니다. 그 내용인즉, 주나라의 문왕이 백성을 시켜 연못을 만들었는데 백성이 모두 기쁜 마음으로 그것을 만들었지만, 하나라의 폭군 걸왕이 백성에게 일을 시키자 백성은 걸왕이 죽어 없어지기만을 기원했다는 이야기인데요. 왜 그랬을까요? 둘 다 백성에게 일을 시켰는데, 왜 한쪽은 축복하고 다른 한쪽은 저주했을까요? 바로 문왕은 그 연못을 백성과 더불어 즐겼으나, 걸왕은 자신만을 위해서 즐겼기 때문입니다.

여민동락與民同樂! "백성과 더불어 즐긴다." 이것이야말로 맹자가 이해한 공자 사상의 핵심이었고, 전국시대의 모순점을 극복하기 위한 맹자의 전략이었습니다. 사욕을 채우는 경제가 아니라 공공선을 위해 기획되는 경제, 경제를 위한 경제가 아니라 인권과 사회정의를 위한 경제, 무한 경쟁의 수직적 줄서기가 아니라 동고동락하는 수평적 연대, 홀로 서는 즐거움이 아니라 함께하는 즐거움! 쾌락의 공공성이라고나 할까요.

맹자가 인간됨의 네 가지 단서로 이야기한 인의예지仁義禮智 역시 이와 관련해 풀어볼 수 있습니다. '무엇보다 인간은 더불어 사는(仁) 존재이다. 더불어 살기 위해서는 사회정의(義)가 필요하다. 그 사회정의를 구체화하는 인간 삶의 방식(禮)을 확보해야 한다. 이를 위해 인간은 지식을 넘어선 지혜(智)를 갖추어야 한다.' 남과 더불어 살아갈 수 있는 마음(惻隱之心), 그렇지 못할 경우 부끄러워할 줄 아는 마음(羞惡之心), 더불어 살기 위해 기꺼이 자기 것을 포기할 줄 아는 마음(辭讓之心), 그리하여 옳고 그름을 흔들림 없이 판단할 수 있는 마음(是非之心)을 갖자는 것이지요. 맹자가 말하는 지혜로운 사람이란 바로 이러한 덕목을 갖춘 자 아닐까요? 이것이 어찌 정치 지도자의 덕목에만 해당되겠습니까.

맹자가 이야기하는 현자의 경지에 도달하는 것이 그리 쉬운 일은 아니겠지요. 그것은 단순한 지식의 확대와 변화로 이루어지는 것이 아니니까요. 공부 좀 했다고 되는 것도 아니고요. 어떤 철학자가 그랬던가요. 이 세상에서 가장 먼 길은 머리에서 가슴까지라고.

이제야 아내와 저의 차이를 알겠네요. 아내의 결단과 저의 우유부단함도 선명하게 대조되네요. 아내가 선택한 삶과 제가 살아가는 삶은 실은 참으로 먼 거리였던 것입니다. 어찌 이 격차를 줄일 수 있을까요? 맹자는 이런 말도 남겼습니다.

> 하늘이 장차 사람에게
> 큰 임무를 내리려 할 때에는
> 반드시 먼저 그 심지를 지치게 하고
> 뼈마디가 꺾어지는 고난을 당하게 하며
> 그 몸을 굶주리게 하고
> 그 생활은 빈궁에 빠뜨려
> 하는 일마다 어지럽게 하느니라.
> 이는 그의 마음을 두들겨서 참을성을 길러주어
> 지금까지 할 수 없었던 일도
> 할 수 있게 하기 위함이니라.
>
> _『맹자』

고생을 자초하는 삶과 고생을 외면하는 삶, 사람들과 함께 즐거운 삶과 나 홀로 즐거운 삶, 이 두 간극을 넘어서기 위해서 아직도 해야 할 일이 많고, 겪어야 할 일이 많다는 경고일까요?

청출어람의
정치

순자

일산에 자유청소년도서관을 열고 운영한 지 꽤 오래되었습니다. 매주 월요일 오전에는 성인을 위한 인문학 강의를 진행하고 있어요. 여기서는 주로 서양철학사와 동양철학사를 강의하지요. 지난달에 동양철학사를 강의하던 중 송경동 시인의 시집 『사소한 물음들에 답함』 중에서 「혜화 경찰서」에서와 「사소한 물음들에 답함」이라는 시를 낭송해주었더니 이구동성으로 좋다 하여 '송경동 시인과 만남'을 주선하기도 했답니다. 그 덕분에 이야기도 듣고, 술도 마시고, 아주머니들도 좋아하였지요.

말이 나온 김에 송경동 시인의 시 하나 소개할까요. 송경동 시인이 어머니를 생각하며 쓴 시인데, 제목은 「당신의 운명」입니다.

어머니는 밤 기도를 드리고

나는 두 칸짜리 미닫이문 너머에서

바퀴벌레를 잡는다

어머니의 구원은 언제쯤 이루어질까

어머니는 한때 팥알을 씻어 절간에 다녔다

아카시아향 번지는 개척교회 돌계단도 올랐고

생활이 더 말라가는 말년엔

미사포를 넣고 성당엘 다닌다

그런 어머니를 비꼬기도 했지만

난 어머니의 그 천연덕스러움이 좋다

곤궁한 생활을 피게만 해준다면

설탕이 아닌 사카린이면 어떻고

꿀 아닌 물엿이면 어떤가

어머니에게 절대적인 것은 생활이어서

바퀴벌레처럼 어두운 이 삶이 퍼지지 않으면

저 신의 운명도 오래가지 못하리라.

_「당신의 운명」

처음에는 「당신의 운명」이 어머니의 운명이라 생각하고 읽었는데, 결국은 '신의 운명'이네요. 생활에 도움이 안 되는 신, 생활과는 동떨어져서 헛짓거리만 하는 종교에 대한 비판 의식이 담겨 있네요. 제가 왜 이 시를 소개해드렸냐면, 지금 우리가 다루려는 철학자가 순자荀子, BC298~BC238이기 때문입니다.

순자는 맹자의 성선설과 대비되는 성악설性惡說을 주장한 학자라고 알려져 있습니다만, 대부분 순자에 대한 지식은 여기까지지요. 아마도 순자가 우리나라에 널리 알려진 것은 전직 대통령 부인의 이름 때문이 아니었나 싶네요. 그래서 그런지 아이들에게 순자를 이야기할 때면 웃기부터 합니다.

그러나 순자는 그리 우스꽝스러운 사람이 아닙니다. 전국시대 제齊나라 식하직궁(지금으로 치면 왕립도서관이나 대학쯤)의 최고 자리인 좨주祭主를 세 번이나 역임한 학자 중의 학자지요. 그는 공자 사상을 계승한 유학자였습니다. 그런데 우리에게 알려진 공자학파의 계보에는 순자가 빠지고 맹자가 자리를 차지하고 있지요. 거기에는 그럴 만한 이유가 있는데요. 바로 그 이유 중 하나가 위에 소개한 시와 밀접한 관련이 있습니다.

보통 유학적 전통으로 치면 하늘은 인간과 밀접한 관련을 맺고 있는 것으로 생각합니다. 하늘의 도(天道)와 인간의 도(人道)가 다르지 않다고 보는 거지요. 그러니까 유학자의 길이란 바로 이러한 하늘의 도를 바르게 깨달아 인간적 삶으로 실천하는 것이라 생각할 수 있습니다. 그러한 생각에 의문을 던지고, 하늘의 원리와 인간의 원리를 분리하여 생각한 사람이 바로 순자였습니다.

예를 들어 옛날에는 가뭄이 들면 임금이 부덕한 탓에 생긴 현상이라 여겼기 때문에 임금이 솔선수범하여 재계하고 기우제를 올렸습니다. 인간의 부덕이 하늘을 진노하게 했다고 생각한 거지요. 그러나 순자는 이러한 생각을 잘못된 것이라 여겼습니다.

기우제를 지내면 비가 오는 것은 어째서인가? 그것은 아무것도 아니다. 기우제를 지내지 않는다 해도 비는 온다. 일식과 월식이 일어나면 그 재난을 막는 의식을 행하고, 가뭄이 들면 기우제를 지내며, 점을 쳐본 뒤에야 큰 일을 결정하는데, 그렇게 함으로써 바라는 것이 얻어진 것이라고 여기는 것이 아니라, 형식을 갖추어 위안을 얻는 것이다. 그러므로 군자는 형식을 갖추기 위해 그런 일을 하고, 백성은 신령스러운 것이라 여기고 그런 일을 한다. 형식을 갖추기 위해서 그런 일을 하면 길하지만, 신령스러운 것이라 여기고 그런 일을 하면 흉하다.

_「천론天論」

하늘에 기우제를 지내는 것은 그저 형식일 뿐 아무것도 아니라는 이야기입니다. 비는 올 때가 되면 저절로 온다는 거지요. '지성이면 감천'이라는 말은 허구에 불과합니다. 왜 그럴까요? "하늘에는 변함없는 자연의 법칙이 있기" 때문입니다. 이 법칙은 "요순 같은 성군을 위하여 존재하는 것도 아니며, 반대로 걸주 같은 폭군 때문에 없어지는 것도 아닌" 것입니다. "바르게 응하면 이롭고 어지럽게 응하면 흉할 뿐"이지요. "하늘은 사람이 추위를 싫어한다고 하여 겨울을 거두는 법이 없으며, 땅은 사람이 먼 길을 싫어한다고 하여 그 넓이를 줄이는 법이 없지" 않습니까. 노자의 『도덕경』에도 '천지불인天地不仁'이라는 말이 나오는데, 바로 순자의 생각과 일맥상통한다 볼 수 있겠네요.

자연은 윤리적 존재가 아닙니다. 물리적 존재이지요. 윤리적 존재는 오직 인간뿐입니다. 그러니 물리적 존재에다가 인간적 관념인 윤리적 틀을 덮씌우는 짓은 어리석은 짓일 뿐입니다. 순자의 생각은 이처럼 냉철하고 현실주의적이었습니다. 물리物理와 윤리倫理를 혼동하지 않는 것, 물리를 물리로 다룰 줄 알 때 오히려 윤리에 도움이 된다는 것!

이것이 중국의 학문이 총집결된 제나라 직하직궁의 최고 수장인 순자의 통찰이었습니다. 이러한 통찰은 그의 실천적이고 주체적인 인간관으로 연결됩니다. 이제 하늘에 기대어 삶을 살아가는 것이 아니라 자기 힘으로 살아가야 할 인간에게 가장 중요한 것은 스스로 자신의 삶의 방식을 만들어가는 것일 테니까요. 그래서 순자는 이렇게 말합니다.

하늘이 위대하다고 사모하는 것과 물자를 비축하여 그것을 잘 관리하는 것 중 어느 것이 더 나은가? 하늘에 순종하여 그것을 칭송하는 것과 하늘의 원리를 잘 파악하여 그것을 이용하는 것 중 어느 것이 더 나은가? (…) 하늘에는 사시四時의 운행이 있고, 땅에는 자원이 있고, 사람에게는 다스림이 있다. 이 다스림을 '적극적 참여(能參)라 한다. 사람은 천지와 동등하다.

_「천론」

이처럼 인간의 능동적 실천을 강조한 순자가 성악설을 주장했다는 것이 이상하지 않나요? 순자의 성악설은 −맹자의 성선설이 개인적 윤리 차원에서 구상된 것과 달리− 사회적 차원의 개념이라고 볼 수 있어요. 그러니까 순자는 인간의 이기적인 욕망에 대해서 인정하되, 그것이 사회적으로 확산되는 것에 대해서는 어느 정도 제재를 가해야 한다고 생각했던 거지요.

사람은 태어나면서부터 감각적인 욕망을 가지고 있다. 이러한 본성을 그대로 따르면 음락하게 되고 예의와 규범이 없어진다. 그렇기 때문에 본성을 따르고 감정에 맡겨버리면 반드시 싸우고 다투게 되어 규범이 무너지고 사회의 질서가 무너져서 드디어 천하가 혼란에 빠지게 된다.

_「성악性惡」

서구의 경제학자 애덤 스미스Adam Smith가 『국부론The Wealth of Nations』

에서 인간의 욕망을 긍정하면서 '보이지 않는 손'에 의하여 사회가 운영되는 경제 원리를 밝혔다는 사실은 널리 알려져 있지만, 그가 『도덕감정론The Theory of Moral Sentiments』이란 책을 저술하고, '연민'을 바탕으로 하는 윤리적 과제를 설정한 사실은 알려져 있지 않지요. 인간이 살아가는 사회에서 욕망 자체는 단순 부정되지 않지만, 무한 긍정되지도 않는다는 것은 이제 상식이 되었습니다. 이런 표현이 가능하다면, 사회물리학은 사회윤리학이 안받침되어야 한다는 거지요.

그렇다면 순자는 이기적인 본성을 어떻게 극복해야 한다고 생각했을까요? 예禮를 기름으로써 가능하다고 보았습니다. 공자가 말하는 극기복례克己復禮가 순자를 통해서 다시 한 번 확인되는 순간이네요. 순자가 유학적 자장 안에 있다는 이야기는 했지요. 그럼 순자가 말하는 예는 무엇일까요?

예의 기원은 어디에 있는가? 사람은 욕망을 가지고 태어난다. 욕망이 충족되지 못하면 그것을 추구하지 않을 수 없다. 그러나 욕망을 추구함에 일정한 제한이 없다면 다툼이 일어나게 된다. 다툼이 일어나면 사회는 혼란하게 되고 혼란하게 되면 사회가 막다른 상황에 처하게 된다. 옛 선왕은 이러한 혼란을 방지하기 위하여 예의를 세워서 분별을 두었다. 사람의 욕구를 기르고 그 욕구를 충족시키되, 욕망이 반드시 물질적인 것에 한정되거나 물질이 욕망을

위해서만 존재하는 일이 없도록 함으로써 양자가 균형 있게 발전
하도록 해야 한다. 이것이 예의 기원이다. 그러므로 예란 기르는
것이다.

_「예론禮論」

'사람의 욕구를 기르고 그 욕구를 충족시키되, 욕망이 반드시 물질적
인 것에 한정되거나 물질이 욕망을 위해서만 존재하는 일이 없도록' 해
야 하는 것이 예인 셈이지요. 우리가 상식적으로 생각하는 고리타분한
예가 아니라 사회 운영 원리로서 예를 이야기하는 것입니다. 물질적이
고 경제적인 가치로 모든 것이 환원되는 자본주의 사회에서 순자의 지
혜는 되새겨볼 만합니다.

그렇다면 예는 어떻게 기를까요? 공부로 가능합니다.

군자는 공부를 멈추어선 안 된다고 말한다. 푸른색은 쪽에서 얻
어지나 쪽빛보다 푸르며, 얼음은 물로 만들어지나 물보다 차갑다.
나무가 곧아 먹줄에 반듯하게 맞았으나 불로 굽혀서 바퀴를 만들
면 그 굽은 것이 그림쇠처럼 되어 아무리 말리고 햇빛을 쪼이더라
도 다시 반듯해지지 않는데, 이는 불로 굽혀 그렇게 만들었기 때문
이다. (…) 군자는 널리 배우면서 날마다 자신을 되돌아보아 지혜
는 밝아지고 행동에 잘못이 없다. 따라서 산에 올라보지 않으면 하

늘이 높은 줄 모르고, 깊은 골짜기에 가까이 가보지 않으면 땅이 두
꺼운 줄 모른다.

_「권학勸學」

　　장자라면 기겁했을 이 인위적 방법이야말로 순자가 생각한 공부론이
었던 셈입니다. 공부를 통해 푸른 것을 더 푸르게, 차가운 것을 더 차갑
게, 곧은 것을 굽게 만드는 것! 이를 통해 건강한 사회를 만드는 것이 바
로 순자의 교육관이었습니다. 이렇게 공부하면 '길거리의 누구라도 우임
금처럼 될 수 있다!'고 외친 사람이 바로 순자지요.

　　이러한 순자의 현실주의적 유교관은 이후 제자인 한비자를 거쳐 법가
사상을 이루는 기초가 됩니다. 그러니까 공지의 계보에는 내면적 성숙
으로 다가가는 공맹지도孔孟之道의 흐름만 존재하는 것이 아니라, 사회
적 실천으로 접근하는 공순지도孔荀之道도 있었던 것이지요. 물론 공자에
서 순자로 이어지는 이 계보는 송나라 이후 지금까지 철저히 배척당하
고 말았지만 말입니다. 역사에 만약이란 없지만, 공자에서 맹자를 거쳐
송나라의 주자로 이어지는 관념론적 계보 대신에 공자에서 순자를 거쳐
한비자로 연결되는 현실론적 계보가 중국을 지배했다면, 우리나라 조선
조 500년의 역사도 많이 변했을 것이라고 생각합니다. 그랬다면 조선 후
기의 실학적 흐름은 공순지도의 흐름과 접속하여 활발하게 개혁 정치를
펼치지 않았을까 상상하기도 합니다.

하늘에 기대어 자신의 삶을 운영하는 종교적 방법론 대신에 현실주의적 인간관에 기초한 순자의 사회적 방법론은 오늘날 우리 현실에 비추어도 전혀 시대감각이 떨어지지 않는 통찰을 담고 있습니다. 송경동 시인이 「당신의 운명」에서 이야기했던 신의 운명이 현실과의 관계 속에서 점점 몰락하는 것과 마찬가지로 말입니다. 거리의 송경동 시인만큼이나 현실 속의 순자가 그리워지는 시대입니다.

불가능을 꿈꾸는
리얼리스트

한비자

역사를 바라보는 관점은 여러 가지입니다. 기독교인은 인간의 역사를 타락사관으로 보고 결국은 하늘의 심판이 찾아올 것이라고 생각하지요. 불교인이라면 아마도 윤회를 바탕으로 하는 순환사관을 믿을 것입니다. 그리고 근대인은 과학과 이성을 신봉하면서 역사의 발전을 믿는 발전사관을 받아들이겠지요. 저마다 자신의 사관에 맞는 논거를 가지고 있으니 어느 것이 옳다 그르다 말할 수는 없을 것 같습니다. 그런 관점에서 보면 역사관은 사실의 영역이 아닌 믿음, 즉 신념의 영역은 아닐까도 싶네요.

저는 발전사관 쪽으로 기우는 편입니다. 물론 제가 믿는 발전사관이 순진한 직선적 사관은 아닙니다. 그리고 무슨 운명론적 믿음처럼 막연

하게 발전할 것이라고 믿지도 않습니다. 인간의 삶이 그러하듯이 역사에도 굴곡이 존재하고 전진과 후퇴가 있으며, 상승과 추락이 공존하는 것은 아닐는지요. 그러하더라도 제가 제 삶을 충실하게 꾸려가면서 점차 성숙해지듯이, 역사도 역사에 참여하는 사람들의 반성과 성찰, 노력으로 조금씩 나아지고 있다고 믿고 싶습니다.

역사가 그러하듯이 저는 진리도 변하고 발전한다고 생각합니다. 아니 차라리 성숙해진다고 말하는 것이 나을까요? 고대나 중세의 초월적 신관 속에서 보면 진리는 언제 어디서나 불변하는 것이라고 말함 직하지만, 저는 그러한 진리는 관념 속에서나 존재하는 허상에 불과하다고 생각합니다. 현실이 곧 진리는 아니지만, 현실에서 벗어난 진리를 진리라 할 수 있을까요. 그런 점에서 저는 초월적 진리를 믿지 않습니다. 진리란 우리의 눈물과 노력으로 만들어져야 하는 현실적 실천이니까요.

그런 점에서 보면 저는 현실주의자임이 분명합니다. 일찍이 체 게바라Che Guevara가 "불가능한 꿈을 꾸는 리얼리스트가 되자"라고 외쳤을 때의 그 현실주의 말입니다. 공상과 과학이 한 끝 차이이듯이, 현실과 진리는 그리 멀리 떨어져 있지 않습니다.

제가 철학자들을 평가할 때도 선호하는 기준은 현실주의입니다. 현실에서 유리된 철학, 현실을 반영하지 않은 철학은 별로 좋아하지 않습니다. 그렇다고 해서 제가 현실 속에만 빠져 있는 철학을 좋아한다는 뜻은 아닙니다. 침잠하는 것과 매몰되는 것이 다르듯이, 현실주의는 사고의 토대이되 결론은 아닙니다. 이상이 없는 현실주의는 진창에 불과합니다. 발을 땅에 디디고 별을 쳐다보듯이, 현실에서 출발하되 현실을 넘어서는 현실주의가 정작 제가 이야기하고 싶은 것일지도 모르겠습니다.

이러한 기준에 입각해보았을 때, 저는 맹자보다는 순자를 좋아합니다. 맹자의 성선설이 가지고 있는 윤리적 낙관성을 폄하하는 것은 아니지만, 순자가 인간의 조건으로 받아들인 성악설이 현실을 이해하는 데 더 유용하다고 봅니다. 따뜻한 감성도 좋지만 그러한 감성을 간직하기 위해서는 차가운 이성이 필요하다고 생각하는 편이지요. 이번에 소개할 한비자라는 사회사상가 역시 차가운 이성의 소유자라고 볼 수 있습니다.

한비자韓非子, ?~BC233의 성은 한韓이요 이름은 비非입니다. 역사상 위대한 사상가 뒤에는 자子자를 붙여서 존칭하는데, 보통은 성姓에다가 자子를 붙이지만, 한비자는 성과 이름을 쓴 후에 자子를 붙였습니다. 한자韓子라는 인물이 존재했기 때문이지요. 한비자는 전국시대 약소국이었던 한나라의 귀족이었습니다. 현실주의적 유교사상가 순자 문하에서 공부하면서 다양한 학파의 이론을 접하였고, 나중에는 법가사상을 집대성하는 정치사상가가 됩니다.

유가사상과 법가사상은 현실주의에 입각하여 정치사상을 펼쳤다는 점에서는 공통되지만, 지향점은 완전히 정반대의 길을 걷습니다. 유가사상이 정치적 이상을 주나라로 설정하고 인과 예를 강조하는 보수적 흐름으로 귀결되었다면, 법가사상은 과거 정치사상을 부정하고 법과 제도를 정비하면서 새로운 흐름을 형성해야 한다고 생각했다는 점에서 진보적 흐름을 대변한다고 보아야 할 것입니다. 이러한 한비자의 진보주의적 사상은 그가 비유적인 예로 든 수주대토守株待兎 이야기에 잘 드러납니다.

송나라 사람이 밭을 갈고 있었다. 밭 가운데 그루터기가 있었는데 토끼가 달리다가 그루터기에 부딪혀 목이 부러져 죽었다. 그 후로 그는 쟁기를 버리고 그루터기만 지키면서 다시 토끼를 얻을 수 있기를 바랐다. 토끼는 다시 얻지 못하고 송나라 사람들의 웃음거리만 되었다. 지금 선왕의 정치로써 오늘의 백성을 다스리고자 하는 것은 모두가 그루터기를 지키고 있는 부류와 같다.

_「한비자韓非子」

토끼를 기다리는 어리석은 송나라 사람의 이야기에는 곧 과거지향적인 사상에 대한 비판 의식이 담겨 있습니다. 주나라의 문물제도를 숭앙했던 유가나 하나라의 우임금을 숭상했던 묵가, 현실도피적인 도가道家 등은 모두 현실의 새로운 변화를 직시하지 않고 과거로만 고개를 돌리고 있다는 점에서 쟁기를 버리고 토끼를 기다리는 송나라 사람과 다름없다는 이야기지요.

여담이기는 합니다만, 중국의 고전에 등장하는 어리석은 사람들은 대부분 송나라 출신입니다. 『장자』에 나오는 모자장수는 월나라로 모자를 팔러 갔다가 월나라 사람들이 모두 머리를 깎고 문신을 하고 있음을 발견하고 낭패를 당합니다. 『맹자』에 나오는 농부는 남의 논에 비해서 자기 논의 벼가 늦게 자라자 손으로 뽑아 키를 맞춥니다. 물론 벼는 모두 말라죽고 말지요. 거기에 『한비자韓非子』에 나오는 수주대토 이야기까지 합치면 어리석은 사람들은 모두 송나라 출신입니다. 우리나라의 지역감정이 파놓은 골처럼 중국에서도 나라에 대한 선입견의 골이 깊이 파진 것은 아닌지 생각하게 하는 대목이지요. 그런데 왜 하필 어리석은 사람의 사례에는 송나라 사람이 많이 등장하는 걸까요? 송나라가 일찍이 망한 나라였기 때문입니다. 망국의 설움이 이래서 더욱 처절한가 봅니다.

한비자는 현실적인 충고를 한나라 왕에게 무수히 많이 하지만, 그 충고는 번번이 거절됩니다. 이를 안타깝게 여긴 한비자는 자신의 생각을 글로 남기기 시작합니다. 그렇게 해서 만들어진 책이 『한비자』이지요. 그의 서술에는 자신의 충고를 받아들이지 않고 오히려 자신을 나무라는 것을 통탄하는 이야기가 비유적인 이야기로 전해집니다. 이른바 화씨지벽和氏之璧의 고사지요.

초나라 사람 화씨가 초산에서 옥돌을 주워 여왕에게 바쳤다. 여왕이 옥인을 시켜 감정케 하였더니 돌이라 하였다. 여왕은 화씨가 자기를 속였다 하여 월형을 내려 왼발을 잘랐다.

여왕이 죽고 무왕이 즉위하자 화씨는 무왕에게 그 돌을 또 바쳤다. 무왕이 그 돌을 옥인에게 감정케 하였더니 또 돌이라 하였다. 무왕도 그가 자기를 속였다 하여 월형으로 오른발을 잘랐다.

무왕이 죽고 문왕이 즉위하자 화씨는 이제 그 옥돌을 안고 초산에서 곡을 하였다. 문왕이 소문을 듣고 사람을 시켜 그 까닭을 물었다. '천하에 발 잘린 사람이 많은데 당신은 어째서 그렇게 슬피 우는 것이오?'

화씨가 대답했다. '저는 발 잘린 것을 슬퍼하는 것이 아닙니다. 보옥을 돌이라 하고 곧은 선비를 거짓말쟁이라고 하니 이것이 제가 슬퍼하는 까닭입니다.' 문왕이 옥인에게 그 옥돌을 다듬게 하여 보배를 얻었다. 그리하여 마침내 그것을 화씨의 구슬이라 부르게 되었다.

_『한비자』

고사에 나오는 문왕의 역할을 현실에서 수행한 사람은 다름 아닌 진秦나라의 왕이었습니다. 일찍이 진나라는 나라를 강성하게 하기 위하여 중앙집권적 체제를 수립하고 법을 제정하고 혁신적인 정책을 폅니다. 이를 주도적으로 추진한 사람이 바로 재상인 상앙이었습니다. 상앙商鞅은 기존의 법가사상가들의 정책을 받아들여 강력한 법치정책을 실천합니다. 이러한 상앙의 개혁정책을 지지하면서 법치사상을 더욱 정교하게 다듬은 이가 바로 한비자였습니다. 『한비자』「정법」편에는 다음과 같은 구절이 있습니다.

상앙이 진나라를 재상으로써 다스릴 때에는 서로 범죄를 고발하게 하고 연좌제를 썼다. 상은 후히 주고 또 누락시키지 않고 주었고, 벌을 줄 때는 엄격하게 해서 용서하는 법이 없었다. 그래서 진나라 백성들은 힘써 일하며 쉴 줄을 몰랐고 적을 추적할 때는 위험해도 물러서지 않았다. 이 때문에 나라는 부유해지고 군대는 강해졌다. 그러나 군중에게 백성의 속임수를 간파할 수 있는 통치술이 없었으므로, 그 부유함과 강함으로 신하들의 세력을 키워주었을 뿐이다.

_『한비자』

진나라 상앙이 시행한 정책의 의의와 한계까지 꿰뚫어보는 혜안을 가지고 있는 사람이 바로 한비자인 셈입니다. 그러니 한비자의 저술이 진왕의 눈에 들었던 게지요.

진왕의 심중을 파악한 승상 이사李斯는 진나라가 한나라를 공격하려 하면 분명히 한나라에서는 평화 협상을 요구하면서 사신을 파견할 텐데 그때 한비자를 불러들이면 된다고 충고합니다. 이 충고는 그대로 받아들여져 진왕은 한비자를 만나게 됩니다. 진왕은 그를 자기 수중에 넣으려는 마음에 높은 직위를 약속합니다.

『한비자』는 예상 독자층을 군주로 삼고 있다고 보아야 할 것입니다. 책에는 대부분 군주로써 해야 할 일들과 하지 말아야 할 일들, 권장해야 할 일들과 경계해야 할 일들이 실려 있기 때문입니다. 아래를 읽어볼까요.

군주는 계산으로 신하를 기르고 신하 또한 계산으로 군주에게 일을 한다. 군주와 신하는 서로 계산을 한다. 자기 몸을 해쳐서 나라를 이롭게 하는 일을 신하는 하지 않는다. 나라를 해쳐서 신하를 이롭게 하는 일을 군주는 하지 않는다. 신하의 실정은 자기 몸을 해치게 되면 이득이 없는 것이고, 군주의 실정은 나라가 해를 입으면 가까이할 필요가 없는 것이다. 군주와 신하는 계산으로 만난다. 따라서 신하들로 하여금 무릇 어려운 일을 당하여 반드시 죽을 각오를 하고 그들의 지능과 힘을 다하게 하는 것은 법이다. 따라서 이전의 훌륭한 군주들은 상을 내리는 조건을 명시하여 신하들을 분발하게 했고 엄혹한 형벌로 그들을 위엄 있게 다스렸다. 상과 벌의 시행이 분명하면 백성은 모두 목숨을 다해 일을 하고, 백성이 목숨을 다해 일하면 군대가 강해지고 군주의 위세는 높아진다. 형벌과 상의 시행원칙을 분명히 파악하지 못하면 백성이 나라에 공로가 없어도 이득을 얻게 되고, 죄를 지어도 형벌을 요행으로 피하게 된다. 그러면 군대는 약해지고 군주의 위세는 낮아진다.

_『한비자』

군주와 신하의 관계를 계산 관계로 보는 냉철함에서 그의 지난한 현실주의를 읽을 수 있습니다. 거기에는 충忠이니 의리義理니 하는 추상적 윤리가 개입할 자리가 없습니다. 이익利益이라는 철저히 현실주의적 원리가 적용될 뿐입니다. 이처럼 한비자는 군주 자리를 계산의 자리, 냉철함의 자리로 보았고, 그를 통해서 나라가 부강해지는 방법을 찾았습니다. 한비자는 저술을 통해 객관적 법과 그것을 가능하게 하는 방법인 술術, 초월적 권위인 세勢 등을 확보하는 것이 군주권을 지키는 데 핵심적인 것이라 보았습니다. 엄정한 법의 집행에는 신분 고하를 막론해야 합니다. 군주의 권력을 신하에게 빼앗기지 않기 위해서는 여우나 뱀 같은 교활한 지혜도 필요합니다. 그리고 무엇보다도 이 모든 것을 가능하게 하기 위한 강력한 군사력과 경제력이 뒷받침되어야 합니다. 한비자는 이렇게 생각했던 게지요. 그래서 한비자를 법술가法術家라고도 일컫고, 동양의 마키아벨리Niccoló Machiavelli라고도 해석합니다.

진나라의 왕은 한비자의 이론을 자신의 정책에 반영하였고 그를 통해 천하 통일의 위업을 달성하게 되었습니다. 하지만 그에게 이론을 제공한 한비자의 말로는 비참하기만 합니다. 진나라의 승상이자 이전에 한비자와 같은 스승 밑에서 공부한 이사는 한비자가 자신보다 더 뛰어나다는 사실을 간파했습니다. 그래서 그를 중용한다면 자신의 지위가 위태로워질 것도 충분히 예상했지요. 이러한 사태를 막는 것은 한비자를 모함하는 것이었습니다. 같은 스승을 모셨던 동기동창이 적으로 변하는 순간입니다. 결국 한비자는 이사의 모함으로 감옥에 갇히자 독약을 마시고 자살하게 됩니다. 그리고 천하를 통일한 진나라 역시 오래가지 못하고 15년 만에 몰락하고 맙니다. 한비자는 죽었지만 그의 저서인 『한비자』는 여전히 남아 우리에게 많은 영감을 제공합니다. 글을 맺으며, 한비자의 「망징亡徵」에 나오는 '나라가 망하는 징조' 중 일부를 소개할까 합니다. 오늘날의 현실과 비교해보면 시사하는 바가 사뭇 큽니다.

군주가 궁전과 누각과 정원과 연못 같은 토목 건축을 좋아하고, 수레와 말, 의복과 기이한 물건, 그 밖에 오락물에 골몰하고, 그 때문에 백성을 고달프게 하여 재정을 낭비하면 나라는 망한다.

군주가 자기 마음대로 포상하기를 좋아하고, 법규를 따르지 않으며, 말만 앞세우고 실용성을 따지지 않고 겉치레에만 골몰하여 전시효과만 노리면 나라는 망한다.

군주가 억지를 부리며 심술궂고, 사람과 화목하지 못하며, 충고를 배척하고, 남을 공격하기를 좋아하며, 국가를 돌보지 않고 경거망동하며, 더욱이 자신이 있다는 듯이 서두르는 나라는 망한다.

동맹국의 원조를 믿고, 이웃 나라를 가벼이 여기면 그러한 나라는 망한다.

군주가 법률을 왜곡하며 사사로운 일을 공적인 일처럼 처리하고, 법령을 함부로 변경하면서 수시로 호령을 내리면 그 나라는 망한다.

    신하들이 공리공담을 쫓고, 대부의 자제들이 변론을 일삼으며, 상인들이 재물을 다른 나라에 쌓아놓고 백성들이 곤궁하면 나라는 망한다.

    군주가 성미가 급하며, 안정되지 못하고 무슨 일이나 성을 내며, 앞뒤를 가리지 못하면 그 나라는 망한다.

_「한비자」

운명 따위는
없다

묵자

아내가 있는 남원에 다녀왔습니다. 겨울의 초입이라 김장 준비가 한 창이었습니다. 아내는 남원 실상사 귀농학교에서 공양주로 있기 때문에 김장이야말로 가장 큰 일거리가 아닐 수 없었습니다. 거기에 거주하는 사람들의 김장만 한다면야 별일이 아니지만, 판매용 김장도 담가야 하기 때문에 일거리가 산더미 같았습니다. 다들 바삐 움직이는데 저 혼자 쉴 수만은 없었습니다. 이 일 저 일 거들다가 손목을 삐게 되어 밤에 파스를 붙이고 앓아누웠습니다. 저는 그저 쉴 양으로 내려갔다가 봉변을 당한 꼴입니다. 다행인 것은 파스 덕에 다음 날 노동에서는 열외되었다는 것입니다. 귀농학교의 변 팀장이 한마디 하더군요. "하늘이 일하는 사람 따로 내고 쉬는 사람 따로 낸다더니, 김 선생은 쉴 복을 타고 태어났나봅니다. 편히 쉬시지요."

남들 일하는데 눈치도 보이고, 아내 역시 오랜만에 내려왔는데 일만 하는 남편이 안쓰러웠는지 빨리 올라가라고 해서 다음 날 서둘러 올라왔습니다. 고생하는 아내를 뒤로한 채 올라오는 길이 그리 홀가분한 것만은 아니었습니다. 올라온 다음 날로 아내에게 전화했더니 아내도 몸살이 나서 앓아누웠더군요. 남들이 만들어놓은 것만 사먹는 도시 생활에 익숙하다가 직접 재배하고 만들어야 하는 농촌 생활이 퍽이나 힘들었을 텐데 아내는 별 불평이 없었습니다. 일거리를 피해 올라온 제가 참으로 부끄러웠습니다. 이 무슨 운명이란 말입니까.

노동이 귀한 것은 노동 자체의 성격 때문이 아니라 노동으로 살아야 하는 우리네 삶의 소선 때문입니다. 만약에 노동 없이도 행복히게 살아갈 수 있는 세상이 있다면 그것을 마다할 이유는 없습니다. 하지만 우리네 세상은 그것을 허용하지 않지요. 일을 해야만 먹고살 수 있는 세상이니까요. 하지만 일만 해야 하는 세상이라면 그곳은 가상 불행한 세상이 틀림없습니다. 그래서 저는 '노동의 신성함'이란 표현을 좋아하지 않습니다. 그것은 자칫하면 노동을 강요하면서 그것을 미화하는 지배자의 논리로 변할 수 있기 때문입니다. 노동은 신성한 무엇도 아니고, 그렇다고 거부할 무엇도 아닙니다.

하지만 한편에서는 노동이 강요당하고, 다른 한편에서는 그렇게 강요된 노동에 기생하여 살아가는 사회라면 그것은 결코 용납할 수 없는 사회입니다. 사랑을 사회화하기 위해서는 정의가 필요하듯이, 노동 역시 개인의 문제를 넘어서면 정의가 필요한 것이지요. 이 노동의 정의에 대하여 누구보다 예민하게 반응한 중국의 사상가는 묵자墨子, BC479~BC381였습니다.

묵자 역시 노동 없이 살아가는 동물들과 노동을 해야만 살아가는 인간을 구별합니다.

> 하늘을 나는 새들과 들에 뛰노는 짐승들과 물에 노니는 벌레들을 보라! 그들은 수놈이 밭 갈고 씨 뿌리지 않고 암놈이 실 잣고 길쌈하지 않아도, 먹고 입을 것을 모두 하늘이 이미 마련해주었다. 그런데 사람은 다른 짐승들과 달리 노동을 해야만 살아갈 수 있으며 노동을 하지 않으면 살아갈 수 없는 존재인 것이다.
>
> _「묵자墨子」

이 대목에서 예수쟁이인 저는 성서에 나오는 아래 구절을 떠올립니다.

> "백합꽃이 어떻게 자라는지를 생각해보아라. 수고도 하지 않고 길쌈도 하지 않는다. 그러나 내가 너희에게 말한다. 온갖 영화를 누린 솔로몬도 이 꽃 하나만큼은 차려 입지 못하였다. 믿음이 적은 사람들아, 오늘 들에 있다가 내일 아궁이에 들어갈 풀도, 하나님께서 그와 같이 입히시거든, 하물며 너희야 더 잘 입히지 않으시겠느냐?

그러므로 너희는 무엇을 먹을까, 무엇을 마실까 하고 애쓰지 말고
염려하지 말아라."

_「누가복음」 12: 27~29

그리고 사상과 종교의 차이를 생각해봅니다. 종교(예수)는 사물의 이치를 들어 인간의 믿음을 강조하고, 사상(묵자)은 사물의 이치와 인간의 삶이 어떻게 다른지 이야기함으로써 현실 인식으로 향합니다. 그리하여 종교는 걱정하지 말라는 위안으로 나아가고, 사상은 현실에 대한 비판으로 향합니다. 묵자가 유가사상을 비판한 이유는 바로 유가들이 가지고 있던 노동의 기생성 때문입니다.

유가들은 거지 같아서 숫양처럼 눈을 빈뜩이고 두더지처럼 감추며 멧돼지처럼 달려든다. 군자들이 비웃으면 성을 내며 '무식한 놈들이 어찌 우리 같은 유자를 알겠는가?' 호통 친다. 그러나 그들은 여름에는 보리와 벼를 구걸하고 오곡이 모두 추수되면 초상십을 찾아다닌다. 자식들과 식구들도 따라가서 실컷 먹고 마신다. 몇 집의 초상만 치르면 한 해를 지내기에 넉넉하다. 그들은 남의 초상집에서 배부르고 남의 밀밭에서 술 취하는 자들이다.

_「묵자」

열심히 일해야 먹고사는 세상에서 입으로만 먹고사는 유학자들은 '거

지 같은' 무리나 진배없었던 셈이지요.

묵자는 힘겨운 현실에서 누구나 열심히 살아야 한다고 생각합니다. 그리고 노동의 결과는 사랑의 원리를 바탕으로 나누어야 한다고 주장합니다. 그것이 저 유명한 묵가의 겸상애와 교상리 사상입니다. 겸상애兼相愛란 무엇입니까. '서로 사랑하라'는 말입니다. 교상리交相利란 무엇입니까? '서로 나눈다'는 말입니다. '서로 사랑하라'는 말은 예수를 통해 알려지기 전부터 인류가 깨달은 위대한 삶의 명령이었던 셈이지요.

묵자는 춘추전국시대의 혼란은 서로 사랑하지 않았기 때문에 생겨난 현상이라고 보았습니다(天下之亂物 皆起不相愛). 묵자가 이야기하는 사랑은 사랑하는 사람들끼리만 하는 이기적인 사랑과는 다른 것입니다. 연인 간의 사랑, 가족 간의 사랑이야 말하지 않아도 누구나 행하는 것이지요. 이러한 사랑을 묵자는 별애別愛라고 말합니다. '차별적인 사랑'이지요. 유교에서 이야기하는 사랑이 바로 별애입니다. 하지만 이러한 차별적 사랑으로는 사회에서 발생하는 불평등, 부정의를 극복할 수 없지요. 그 사랑은 보편적 사랑인 겸애兼愛로 승화되어야 합니다.

그렇다면 서로 사랑하고 나눔은 어떻게 하는 것인가? 묵자가 말하기를, 그것은 다른 나라를 자기 나라 보듯이 하고, 다른 집 보기를 자기 집 보듯이 하며, 다른 사람 보기를 자기 보듯이 해야 한다.

_「묵자」

가족이기주의, 지역이기주의, 국가이기주의를 넘어서 인류애로 나아갈 때 평화가 찾아올 것이라고 본 묵가의 사상은 너무 이상적인가요?

『회남자』에 따르면 묵자는 처음에 유학에 입문했다 합니다. 하지만 이내 "그들의 예가 번잡하다고 생각했고 후한 장례와 재물 낭비로 백성을 가난하게 하고 생명을 상하고 생업을 해치는 것을 좋지 않게 생각하여 주나라 제도(周禮)를 버리고 하나라 제도(夏禮)를 수용했다. 우임금 때 천하의 대홍수를 만나 임금이 몸소 백성을 위해 삼태기를 들고 앞장섰다. 그로부터 재물을 절용하고 간소한 장례와 간소한 복장의 기풍이 생긴 것이다"라고 이야기합니다.

공자가 숭상했던 주나라의 예법은 세련되기는 했지만 귀족의 것이었습니다. 묵자는 귀족의 예법이 아니라 민중의 예법이 필요하다고 생각했던 게지요. 그리고 그 롤 모델을 하나라의 우임금에게서 찾았습니다. 그야말로 임금의 신분이었으나 모든 허례허식을 버리고 민중과 함께 근면 검소하게 살아간 최고의 인물이었으니까요. 묵자는 이 모델에 동조하는 세력을 모아 커다란 실천 공동체를 구성합니다. 그들이 바로 묵가 집단이지요. 유대교인에게 모세의 십계명이 있듯이, 묵가집단에게도 반드시 따라야 하는 열 가지 덕목이 있습니다. 볼까요?

첫 번째, 어진 사람을 존경하라(尙賢).
두 번째, 진리를 따르라(尙同).

세 번째, 서로 사랑하라(兼愛).

네 번째, 전쟁을 반대하라(非攻).

다섯 번째, 근검하고 절약하라(節用).

여섯 번째, 장례를 간소화하라(節葬).

일곱 번째, 하늘의 뜻을 알라(天志).

여덟 번째, 하늘은 반드시 상과 벌을 내림을 알라(明鬼).

아홉 번째, 지나친 즐거움을 경계하라(非樂).

열 번째, 정해진 운명은 없음을 알라(非命).

열 가지 덕목 중에서 제 눈에 띄는 덕목은 아닐 비非자가 들어 있는 것들입니다. 비공非攻, 비락非樂, 비명非命. 슬로건화하면 전쟁 반대! 쾌락 반대! 운명 반대! 전쟁과 쾌락 추구야말로 가장 많은 비용이 드는 것이지요. 폭력적 소비와 향락적 소비를 줄이는 일이야말로 가난한 민중의 삶의 기반이 되는 것임이 틀림없습니다. 오늘날에도 가장 많은 이윤을 남기는 산업이 전쟁 산업과 향락 산업인 것을 보면 묵자의 혜안은 시대를 초월하는 것이 아닐 수 없습니다.

열 번째 덕목인 비명非命에 대해서 말해볼까요? 묵자는 운명론에 대해서는 철저히 반대했습니다. 그가 보기에 운명론을 퍼뜨리는 것은 민중을 통치하려는 폭군의 사기에 지나지 않았습니다.

은나라와 주나라의 시와 서에 따르면 운명론은 폭군이 지어낸 것이다. 옛 삼대의 포악한 임금들은 반드시 '망하는 것도 내 운명 때문이고, 곤궁해진 것도 내 운명 때문이었다'고 말한 것이다. 이러한 운명론을 번지르르하게 꾸며 민중을 교화하고 순박한 사람들을 어리석게 만든 지가 오래되었다.

_「묵자」

그리하여 묵자는 외칩니다. "삼가라! 운명 따위는 없다. 오직 너희는 사람을 높이고 거짓말을 지어내지 말라. 운명은 하늘에서 내려온 것이 아니라 내가 스스로 만들어낸 것이다."

그런데 사람들은 왜 운명 따위를 믿고, 쾌락을 좇으며, 남의 것을 빼앗고, 남의 나라를 침략하는 것일까요? 묵자가 보기에는 나라 전체가 잘못 물들었기 때문입니다. '소비가 미덕'이라는 말도, '경쟁만이 살길'이라는 말도, '부자 되세요'라는 말도 모두 우리의 정신과 삶을 물들이는 것들입니다. 빨간 물감 속으로 들어가면 빨간색이 되는 것처럼, 우리의 정신과 삶은 온통 자본주의적 색깔로 물들여진 것 아닐까요.

그렇게 본다면, 제 삶도 어느덧 소비와 향락으로 물들어 있어 노동과 생산을 경시하고, 편안함만을 추구하는 기생적 색깔에 깊이 젖어 있는 것은 아닐까 두렵습니다. 겉으로는 진보를 외치면서 삶의 한 치도 진보로 가지 못하는 저를 아내는 알아챈 것일까요? 아내를 홀로 두고 집으로 돌아오면서 느꼈던 부끄러움은 혹 그래서 생겨난 것 아닐까요? 이 부끄러움을 저는 얼마나 오랫동안 견뎌낼 수 있을까요?

묵자는 말합니다. "내가 나를 부려야 한다. 내가 나를 부리지 못하면 남이 나를 부린다(我使我 我不使 亦使我)." 저를 보고 이렇게 놀리는 것 같습니다. '네가 너를 변화시키지 못하면, 아내가 너를 변화시킬걸.' 이번에도 결국 아내 얘기로 시작해서 아내 얘기로 끝을 내네요. 아이고, 이 팔불출!

정치의
네트워크

동중서

중국의 대문호 루쉰鲁迅은 만리장성을 소제로 다음과 같은 글을 남겼습니다.

위대한 장성이여!

지도에는 조그맣게 그려져 있으나 조금이라도 지식 있는 사람이라면 누구나 만리장성을 알고 있을 것이다.

그런데 사실, 많은 인부가 이 장성 때문에 고역에 시달리다 죽기만 했지 장성 덕분에 오랑캐를 물리쳐본 적은 없다. 오늘날 장성은 고적으로 남아 있다. 당분간은 없어지지 않을 것이며, 보존될 것이다.

나는 언제나 장성이 내 주위를 에워싸고 있는 것처럼 느껴진다.

이 장성은 예부터 있던 벽돌과 새로 보수한 벽돌로 되어 있다. 이
둘이 합쳐져 하나의 성벽을 이루며 사람들을 포위하고 있다.

언제쯤 장성에 새 벽돌을 더 보태지 않아도 될까?

위대하고도 저주스러운 장성이여!

_「장성」

이 글은 단지 춘추전국시대를 평정하고 세워진 진나라에 대한 비판의
글이 아닙니다. 이 글은 오히려 제국주의 국가 진나라를 포함하여 중국
에 세워진 무수히 많은 제국의 실체를 역설적인 표현으로 비판하면서,
그 제국에 희생당한 중국 민중의 아픈 현실을 폭로하는 것입니다.

현대사상가 안토니오 네그리Antonio Negri는 자신의 저서 『네그리의 제
국 강의Empire and eyond』에서 신자유주의가 출몰하는 현대사회의 새로운
정치학과 계급투쟁의 가능성을 모색하면서, 저항의 주체로 다중을 이
야기합니다. 그가 상상하고 설정한 다중은 노동자를 포함하여 여성, 학
생, 농민 등 다양한 힘을 포괄하고 있습니다. 이 힘이야말로 형식적인 방
식으로는 다수를 포괄하는 것 같지만 그 실질적인 내용으로는 과두제에
불과한 제국적 귀족 권력들에 대항하는 잠재력과 활력(potenza, 이탈리아어
로 힘)을 갖습니다. 네그리의 상상력은 '모두에 의한, 모두를 위한' 통치를
나타내는 절대민주주의에 가닿아 있습니다. 이러한 네그리의 정치적 상
상력과 기획은 우리 사회를 분석하고 새로운 가능성을 모색하려 했다는

점에서 루쉰이 당대 중국의 현실을 비판하고 새로운 중국 민중의 혁명 가능성을 타진했다는 것과 일맥상통한다고 할 수 있습니다.

그러나 우리 이야기는 이렇듯 가까운 현실을 다루는 것이 아니라 오래된 현실, 그것도 한나라까지 거슬러 올라가는 현실을 다루게 됩니다. 그것은 한편으로는 중국의 역사 속에서 제국을 옹호하는 사상을 살펴봄으로써 역으로 그 제국의 논리를, 그 논리 속에 포함되는 당대의 철학에 대한 비판적 거리를 확보하기 위해서입니다. 그 제국 논리의 중심에 동중서董仲舒, BC176?~BC104가 있습니다.

동중서는 중국 한나라의 대표적인 유학자입니다. 한나라는 급작스럽게 강성하게 된 만큼이나 쉽사리 무너져버린, 진나라 다음에 세워진 제국입니다. 한나라 초기는 법가를 중심으로 한 진나라의 시스템이 무너지면서 사상적으로 춘추전국시대를 방불케 하는 사상적 혼란기였습니다. 회남자가 무위정치를 내세우면서 도가사상을 중심으로 정치적 비전을 꿈꾸었다면, 동중서는 이러한 도가사상을 비판하면서 유가사상을 중심으로 제국을 세우려 한 야심찬 사상가였습니다. 그의 정치 개혁적 비전과 철학적 이념은 한나라 무제를 만나 빛을 발하게 됩니다. 거기에는 그럴 만한 이유가 있었습니다.

한무제는 이전 왕이 취했던 포용적이고 분권적인 권력 형태에 불만이 많은 왕이었습니다. 그는 진나라처럼 강력한 중앙집권 형태를 띠되 백성을 억압하지 않으면서도 국가 이념을 통일할 수 있기를 바랐습니다. 그러기 위해서는 이전 사상을 혁신하고 새로운 사상을 정립하는 것이 무엇보다 중요했지요. 그래서 무제는 제국의 유능하고 학식 있는 선비들을 불러모아 놓고 갖가지 문제를 낸 후 그에 대한 대책을 세우라고 명했습니다. 대책을 묻는 책문策問과 그에 답하는 대책對策 형식은 이후 유교사회의 대표적인 의견 수렴 방법이 되었지요. 다양한 대책이 쏟아져 나왔는데 그중 가장 눈에 띄는 것이 바로 동중서의 의견이었습니다.

무제가 던진 책문은 이렇습니다. "큰 도의 요강要綱과 이치의 가장 핵심적인 원칙은 무엇인가?" 이는 나라를 다스리는 핵심 통치사상의 원리는 무엇이며 그것은 어떻게 실천되어야 하는가를 묻는 것이지요. 두 번째 책문은 그보다는 복잡하고 오늘날 논술 문제에 나와도 손색이 없는 것이었습니다.

순임금시대에는 궁궐 안에서 노닐기만 하고, 아무런 일을 하지 않았는데도 천하가 태평하였고, 주나라의 문왕은 날이 지도록 식사할 여유도 없었는데, 그때에도 천하는 잘 다스려졌다. 제왕의 도가 어찌 이렇게 다를 수 있으며, 어찌 그 편함과 수고로움의 차이가 생겨나는가? 대개 검소함을 숭상하였던 시대에는 색색의 깃발로 된 장식을 하지 않았는데, 주나라 왕실에서는 관망대를 세우고, 화려한 수레를 탔으며, 붉은 방패와 옥으로 된 도끼를 들고 궁정에서 팔

일무八佾舞를 추었으며, 노랫소리가 도처에서 일었다. 제왕의 도가 어찌 이렇게 다를 수가 있는가?

_「동중서전董仲舒傳」

책문이 재밌지요? 나라를 다스리는데 어떤 임금은 아무 일도 하지 않고 놀아도 나라가 잘 다스려졌고, 또 어떤 임금은 식사할 겨를도 없이 바쁘게 일해야 잘 다스려졌는데 무엇이 옳은가? 또 어떤 임금은 검소함을 숭상했고 어떤 임금은 화려함을 숭상했음에도 그 결과는 같았다. 무엇을 선택해야 하는가? 일종의 딜레마 질문이지요. 여러분은 어찌 답하시렵니까?

출제 의도를 파악하는 마음으로 이 책문을 바라본다면, 이 질문은 이렇게 간소화됩니다. 이전의 통치 이념이었던 무위의 정치를 해야 하는가, 아니면 새로운 통치 이념으로 유위의 정치를 해야 하는가? 노장인가, 유학인가?

어렸을 적부터 유하에 관심이 많았던 무제는 내심 유학적 통치 이념으로 이 질문에 답해주기를 바랐고 동중서의 대책이야말로 거기에 상응하는 것이었습니다.

무제의 책문에 대한 동중서의 의견을 정리하면 이렇습니다. '무릇 군주라면 하늘의 뜻(天意)에 따라 나라를 통치해야 한다. 그를 위해서는 유가의 통치 이념을 중심으로 한 덕치를 행해야 하며, 이를 실천하기 위해

태학太學이나 상서庠序 같은 교육기관을 세워서 체계적인 교육을 실시하여야 한다. 그다음은 인재 양성과 관리 선발 그리고 관직을 부여할 때 능력에 따라야 하며 관직을 세습해서는 안 된다. 그리고 부의 편중을 경계하고 강력한 통치를 실시하여 국가 구성원이 고루 잘살 수 있도록 해야한다. 오직 유학만이 이 길을 실천할 수 있다.'

동중서의 내책은 무제 마음에 쏙 들었습니다. 그것은 마치 자신의 의견을 거울로 보는 것과 같았지요. 그리하여 무제는 유학을 자신의 통치 이념으로 삼고 국가 시스템을 유교적으로 변혁하게 되는 것입니다. 이후 중국 역사를 살펴보면 다양한 사상적 흐름이 부침되지만 유교 이데올로기를 중심으로 하는 통치 이념은 청나라가 망할 때까지 일관된 주류로 관철되었습니다. 무제 이전만 해도 유학은 그저 다양한 통치 이념 중 하나였으나 이제는 모든 제국의 핵심 통치 이념이 된 것입니다. 그러니 유학에서 보면 동중서의 공로가 실로 막대하다고 말할 수 있지요.

하지만 동중서가 공자 사상을 그대로 답습한 것은 아니었습니다. 동중서는 당대의 천문학을 중심으로 한 과학적 지식을 유학에 녹여내면서 제국의 통치 이념을 변형시킵니다. 그러한 그의 사상은 핵심 저서인『춘추번로春秋繁露』에 잘 나타나 있습니다.

하늘은 늘 만물에 애정과 복리를 염두에 두고 있어 영양과 생장을 자신의 일로 삼는다. 봄, 여름, 가을, 겨울 사계절이 모두 그렇게 작용한다. 군왕도 늘 하늘과 같이 백성을 위한 애정과 복리에 힘쓰며 한 시대를 편리하고 즐거운 세상으로 만들려고 계획을 세운다. 그의 좋아함, 미워함, 즐거움, 성냄이 모두 그것을 가능하게 하도록 작용한다. 그러므로 군주의 좋아함, 미워함, 즐거움, 성냄은 곧 하늘의 봄, 여름, 가을, 겨울에 대응된다. 하늘은 따뜻함, 서늘함, 추위, 더위를 두고서 계절을 따라 바꾸며 한 해 결실을 완수한다. 하늘은 이런 네 변화를 일으키니 때에 맞게 진행되면 그해 성과가 풍성하지만, 때에 맞지 않게 진행되면 그해 성과가 나빠진다. 군주는 이런 네 변화를 일으키니 적당하게 반응하면 세상이 안정되지만, 부당하게 반응하면 세상이 어지러워진다.

_『춘추번로春秋繁露』

「왕도통삼王道通三」 편에 실려 있는 이 글은 하늘의 원리와 군주의 원리를 상응하는 것으로 여기고 있습니다. 동중서의 하늘은 초월적 원리를 넘어 인격적 성격을 띠게 됩니다. 마치 기독교의 신처럼 말입니다. 그 하늘은 인간처럼 희로애락喜怒哀樂을 갖는 존재가 됩니다. 그리고 그러한 하늘의 인격성이 군주에게도 그대로 적용되어야 한다고 말합니다. 이러한 동중서의 사상은 유학을 통치 이념으로 굳건하게 하는 데에는 도움이 되었을지 모르지만 유학을 종교화함으로써 본래의 성격을 왜곡한 것입니다.

심지어 동중서는 왕王이라는 글자 풀이를 통해 군주의 지위를 하늘과 상통하는 제사장의 위치로 격상시킵니다.

옛날에 글자를 만든 인물은 먼저 가로획을 삼三처럼 나란히 세 번 쓴 뒤에 한가운데 세로획을 그어 세 획을 이어서 '왕王'이라는 글 자를 만들었다. 가로 세 획은 각각 하늘, 땅, 인간을 상징하고, 그 가 운데를 이은 획은 세 영역을 하나로 통일하는 것을 상징한다. 이처 럼 글자를 만드는 사람은 하늘, 땅, 인간을 상징하는 획의 가운데 지점을 찾아 연결하여 하나로 통일시켰으니, 왕이 아니라면 누가 이런 역할을 맡을 수 있었겠는가?

_「춘추번로」

지금 보면 말장난 같은 이러한 글자 풀이는 군주의 위치를 우주론적 지위로 격상시키는 효과를 낳았으며 제국에서 왕이 차지하는 절대적 지 위를 합리화하는 이데올로기가 된 셈이지요.

그렇지만 이 '왕王'자를 잘 살펴보면 군주에게 반드시 유리하게만 적용 되지 않을 것이란 것도 예상됩니다. 세로획이 아무리 용써봐야 맨 위 가 로획을 넘어설 수 없습니다. 그러니까 군주의 통치행위는 하늘의 원리 를 따르는 수동적 차원으로 격하될 위험성이 항상 내재하는 것이지요. 그것은 군주 자의로 통치하는 것이 아니라 인이나 예로써 나라를 다스 려야 한다는 유교적 견해를 교묘하게 반영하고 있다고 보아야 합니다.

동중서 역시 재이설災異說을 통해 이를 강화합니다. '재災'는 하늘이 내리는 작은 이상 현상을 뜻하고, '이異'는 큰 이상 현상을 뜻합니다. 우리가 흔히 재앙災殃이니 이변異變이니 하고 말할 때 그 재이災異지요. '재'가 하늘에서 내리는 경고라 한다면, '이'는 하늘의 징벌쯤 되는 것입니다. 그러면 언제 재앙과 이변이 발생할까요? 동중서는 군주가 하늘의 뜻을 거슬러 잘못된 정치를 행하면 하늘은 이러한 징조를 나타냄으로써 군주의 행위에 경고도 하고 처벌도 한다는 겁니다. 이 무슨 공상과학 판타지도 아닌 말도 안 되는 이야기 같지만, 이러한 동중서의 사상은 천인상응설天人相應說과 쌍벽을 이루면서 유교적 사회에 뿌리 깊은 사고방식으로 자리 잡습니다. 군주의 전횡에 대한 일종의 안전장치인 셈인데요. 이후 유교사회의 뿌리 깊은 당파 싸움과 군주와 신하 간의 신상은 모두 이 하늘의 뜻을 누가 가장 잘 이해하고 구현하는가의 정당성 문제에서 나온 것이라 할 수 있습니다. 동중서를 선택한 무제 처지에서 보면 눈엣가시 같은 이야기지요. 그래서 그랬는지 한무제는 처음에는 동중서를 곁에 두고 그의 의견을 경청했지만, 나중에는 그를 권력의 자리에서 내쳐버립니다. 제국 이데올로그의 숙명적 비극이지요.

마지막으로 광해군 때 계축옥사癸丑獄事가 일어나 파직당하고 10여 년이나 정치권 밖에서 생활했던 조선의 명문장가 신흠申欽의 시조 하나를 소개할까 합니다. 제목은 「감사 1感事 1」입니다. 무제에게 내침을 당한 동중서의 입장과 광해군에게 내침을 당한 신흠의 입장이 묘하게 겹쳐 울리네요.

> 사람을 쳐 죽인 자가 무슨 재주로 왕이 되었고
> 동중서와 가의는 때를 못 만났으니, 일이 슬프지 않은가.
> 작은 풀은 초원에서 비와 이슬 혜택 받고
> 장송은 골짝에 누워 바람과 서리에 곤란을 당하는구나.

椎埋何技亦興王　董賈無時事可傷
小草在原霑雨露　長松臥壑困風霜

_「감사 1感事 1」

동중서의 운명과 상관없이 유교는 이후 중국의 통치 이데올로기로 강력하게 작동해왔습니다. 2,000여 년 동안 작동된 이데올로기! 공자가 그토록 염원했던 유교의 이상이 동중서를 통해서 이루어진 것일까요? 아니면 공자의 염원과는 다른 방향으로 유교는 변질되어갔던 것일까요? 유교는 억압받은 민중에게 해방의 이념이었을까요? 아니면 민중을 억압하는 통치의 이념이었을까요? 오늘날 우리 사회에서 유교는 어떠한 흔적과 기억으로 우리에게 각인되고 있을까요? 쉽게 대답할 수 없고 대답하기도 어려운 질문이지요. 그러나 이 질문을 가능하게 만든 사람이 동중서였던 것만은 분명합니다.

이매진,
대동세계

킹유웨이

존 레논John Lennon이 부른 명곡 중에 〈이매진Imagine〉이 있지요. 가사를 번역해보면 이 정도가 되겠네요.

천국이 없다고 상상해봐요. / 해보면 쉬울 거예요. / 그러면 지옥 또한 없을 것이고 / 우리 위에는 오직 푸른 하늘만 있겠지요. / 모든 사람이 오늘을 위해서 산다고 생각해봐요. // 나라가 없다고 생각해봐요. / 어렵지는 않지요. / 무엇을 위해 죽이거나 죽을 이유도 없고요. / 종교도 없겠지요. / 모든 사람이 평화 속에서 산다고 상상해봐요. // 소유가 없다고 상상해봐요. / 상상할 수 있으려나? / 탐욕도 궁핍도 없이 / 인류애가 넘치는 / 모든 사람이 이 세상을 서로 나

누는 것을 상상해봐요. // 내가 공상가라고요? / 하지만 난 혼자가
아니랍니다. / 언젠가 당신도 함께하길 빌어요. / 세상 모든 사람이
하나가 되기를.

_〈이매진Imagine〉

영국 출신 가수였지만 미국에서 더욱 유명해졌고, 반전 평화 운동을
펼치다가 미국연방수사국의 감사를 받고 결국 암살당한 희대의 가수 존
레논의 이 노래는 전 세계 사람들에게 인기를 얻었지요. 천국도, 국경도,
소유도 없는 혁명적 세계를 꿈꾸었던 존 레논의 소망은 아직까지 이루
어지지 않았지만요.

존 레논이 이 노래를 부르기 100년 전쯤에 이런 상상력을 발휘하여 세
상 모든 사람이 하나가 되는 꿈을 꾼 사람이 있었지요. 그 사람의 이름은
캉유웨이康有爲, 1858~1927입니다. 캉유웨이는 청조 말기와 중화민국 초기
에 활동한 유학자로 근대 중국의 사상적 발전에 크게 기여한 사람입니
다. 그는 중국의 도덕적 타락과 잘못된 서구화를 막아낼 강력한 무기로
유학을 선택했습니다. 하지만 캉유웨이는 유학에만 국한되어 자신의 사
상을 만들지는 않았지요. 그는 불교를 연구하여 불교의 자비심을 받아
들였고, 도교도 자신의 사상 영역으로 받아들였지요. 독서를 통해 서양
문화에 대해서도 개방적인 자세를 갖고 있었어요. 그리하여 그는 서양
에서 이야기하는 역사의 진보, 사회적 평등을 유학적 상상력에 녹여 자

신만의 독특한 유교사상을 만들 수 있었습니다.

『대동서大同書』는 캉유웨이의 사상을 집대성한 책입니다. 이 책은 공자가 정리하고 썼다는 유교경전 『예기禮記』와 『춘추春秋』의 정신을 계승하고 있어요. 특히 『예기』 「예운禮運」 편에 나오는 대동설大同說과 『춘추공양전春秋公羊傳』의 삼세설의 정신을 따랐지요. 대동세상 이야기는 우리에게 친근하니 삼세설을 알아볼까요?

삼세설三世說은 『춘추공양전』을 해석한 하휴何休에 따른 것인데, 하휴는 공자가 삼통삼세三統三世라는 역사 발전 법칙을 제시했다고 말했지요. 삼통三統이란 하夏·은殷·주周 유교의 이상적 3대 왕조를 뜻하고, 삼세三世란 역사가 혼탁한 거난세據亂世, 안정이 시작되는 승평세升平世 그리고 안정이 성숙한 태평세太平世를 뜻하지요. 이러한 역사 발전의 3단계를 캉유웨이가 그대로 계승했어요. 캉유웨이의 표현을 직접 보시지요.

정치를 삼세로 구분하여 차례대로 구원코자 하면, 먼저 죄수나 노비처럼 취급하여 억압당하던 입장에서 해방하게 하는 것은 거난세의 일이며, 다음에 자유로운 교제와 연회 참석, 출입과 유람을 금지하던 것을 풀어서 구미의 여러 나라와 같게 하는 것은 승평세의 일이며, 벼슬을 못하고 선거와 의원의 자격 및 공민의 자격을 금하던 것을 풀어서 남자와 같은 자격을 주는 것은 태평세의 일이라고 할 수 있다.

_『대동서大同書』

그런 세상을 만들려면 무엇을 해야 할까요?『대동서』의 목차를 보면 알 수 있습니다.

갑부甲部 - 인간이 세상에서 느끼는 모든 괴로움　入世界觀衆苦

을부乙部 - 국경 없이 세계를 하나로　去國界合大地

병부丙部 - 계급 차별 없는 평등한 민족으로　去級界平民族

정부丁部 - 인종 차별 없는 하나의 인류로　去種界同人類

무부戊部 - 남녀 차별 없는 평등의 보장　去形界保獨立

기부己部 - 가족 관계가 없는 천민으로　去家界爲天民

경부庚部 - 산업 간의 경계를 없애 생업을 공평하게 한다

　　去産界公生業

신부辛部 - 난세를 태평세로　去亂界治太平

임부壬部 - 인간과 짐승의 구별을 없애 모든 생명체를 사랑한다

　　去類界愛衆生

계부癸部 - 괴로움이 없는 극락의 세계로　去苦界至極樂

목차가 갑을병정무기경신임계로 구성된 것이 육십갑자의 천간天干에서 따왔다는 점도 재미나네요. 그러한 책의 구조는 도교의 경전『태평경太平經』을 본뜬 것이지요. 물론 도교의 경전이 점점 종말론적인 세상으로 하강한다는 묵시론적 견해를 가지고 있었다면, 캉유웨이는 세상이 점점 발전한다는 발전사관적 견해를 갖고 있었다는 점에서는 대조가

되지만요.

갑부는 전체 글의 총론에 해당하는데요. 인간 세상을 고苦라고 규정하는 것은 참으로 불교적입니다. 일체개고一切皆苦! 그리고 병부부터 계부로 이어지는 목차를 보면 이 고통은 모두 경계(界) 때문에 생겼다고 보았지요. 그 경계가 아홉 개이기에 '구계九界'라고도 하지요. 목차에 따른 아홉 개 경계를 봅시다.

국계國界 : 국가 사이의 경계

급계級界 : 계급 차별의 경계

종계種界 : 인종 차별의 경계

형계形界 : 남녀 차별의 경계

가계家界 : 가정의 경계

업계業界 : 산업 간 차별의 경계

난계亂界 : 정치적 차별의 경계

유계類界 : 생명 차별의 경계

고계苦界 : 모든 고통의 경계

캉유웨이는 말합니다.

병을 알면 약을 쓸 수 있는 것이니 이 구계를 없애고 속박을 풀어야 한다. 초연히 허공을 날아 하늘을 어루만지고 유유히 자유로우며 지극히 즐겁고 평안한 태평 대동세, 그곳에는 영원한 삶과 영원히 변치 않는 깨달음이 있다. 내가 생각하는 구제의 도道는 곧 구계를 없애는 것에 있을 뿐이다.

_「대동서」

결국 캉유웨이는 인간 세상뿐만 아니라 지구에 살고 있는 모든 차별의 경계로 생겨나는 고통을 제거함으로써 불교적으로 말하면 극락세계, 기독교적으로 말하면 천국, 유교적으로 말하면 대동세를 만들려고 했다는 점에서 급진적 사상가라고 말할 수 있지요. 혹시 존 레논이 『대동서』를 읽지 않았을까 하는 즐거운 상상을 하게 만드네요.

특히 유학의 전통이 강력한 힘을 발휘하는 시기에 남녀평등과 계급평등, 심지어 생물평등을 주장했다는 점에서 캉유웨이는 현대 윤리학자들의 상상력을 훨씬 앞서고 있다는 생각도 듭니다. 가히 우주적 상상력이지요. 정말일까 궁금하시죠? 그런 분들을 위해 아래의 구절을 인용해보겠습니다.

내가 말하는 세계의 대동이라는 것은 나의 인仁이 능히 미칠 수 있는 세계일 뿐이다. 어찌 여러 별까지 구할 수 있겠는가? 그렇게 하려 하면 전쟁은 끝내 쉼이 없을 것이다. 내가 여러 별과 우주의 전쟁을 다 없앨 것을 심사숙고하였으나 불가능하리라 판단되었다.

그러므로 또한 오직 내가 살고 있는 땅에서 조금이라도 전쟁으로 인한 화를 줄이려고 생각할 뿐이다.

_『대동서』

　그러면 이러한 세상을 만들기 위해 캉유웨이는 어떤 노력을 했을까요?
　중국의 근대화 운동은 양무운동洋務運動으로 시작됩니다. 아편전쟁을 치른 후 서양의 강력한 무기에 놀란 청나라는 부국富國, 강병强兵을 위해 서양의 문물을 받아들입니다. 주로 과학기술의 도입, 군사력 증강을 위한 운동이었지만 점차 교육·실업 등 각 방면에 걸친 개혁 운동이 벌어졌지요. 양무운동은 중화사상을 유지하면서 서양의 과학기술을 도입하기 위한 절충적 운동이었습니다. 중체서용中體西用! 그러나 이 운동은 청프전쟁1884~1885의 패배 이후 쇠퇴하게 되었지요.
　양무운동의 주도 세력이었던 서태후西太后와 군부 리훙장李鴻章의 세력이 약화되자, 반대편에 서 있던 광서제光緒帝와 황제파들이 추진한 운동이 변법자강變法自疆운동입니다. 위로부터의 제도적 근대화를 추진하겠다는 것이었지요. 이 중심에 캉유웨이가 있었습니다. 캉유웨이는 청일전쟁1894~1895에서 청나라가 일본에 진 이유가 일본의 근본적 개혁이 성공한 반면 청나라는 개혁에 실패했기 때문이라고 보았지요. 일본은 서양 문물을 적극적으로 받아들여 제도를 개혁한 메이지유신明治維新, 1868을 성공적으로 이루었지요. 그래서 캉유웨이는 광서제를 개혁 군주로 세우고 근대적 제도를 확립하는 대폭적인 개혁안을 발표하지요. 이 개혁안에는 과거제 개혁, 새로운 학교 제도의 도입, 신문·잡지 발행, 인재 등용, 농·공산업 진흥, 육·해군의 근대화 조치 등 100여 개 항목이 담겨 있었습니다. 이 개혁안이 무술년에 있었다고 하여 '무술개혁'이라 칭해지는 이 개혁 운동은, 광서제 편에 있었던 강력한 군부 세력 위안스카이袁世凱가 서태후 편에 붙어버림으로써 100일 만에 좌절되고 맙니다. 그로써 광서제는 연금되고 많은 개혁 세력이 처형을 당하고, 캉유웨이는 일본으로 망명을 가게 되지요. 몇몇 개혁적 지식인과 군부 세력을 믿고 추진한 이 운동은 중국 대중을 기반으로 하지 못했다는 점에서 그 한계가 분명합니다. 그리고 집권층의 개혁 운동은 더 전개되지 않았지요. 이후 개혁은 황제 제도를 부정하고 근대적 민주주의를 확립하려는 대중운동으로 나타났지요.

어쨌든 일본으로 망명한 캉유웨이는 광서제 복원을 위해 만방으로 노력하지만 모든 노력이 허사로 돌아갑니다. 주로 해외 여러 나라를 떠돌며 개혁 운동을 전개한 캉유웨이는 쑨원 등 중국의 혁명파와 대립적인 견해를 견지합니다. 혁명파가 보여준 폭력과 전쟁을 반대하고 점진적 개혁을 원했기 때문이지요.

중국의 혁명적 운동의 공백기를 틈타 위안스카이가 황제가 되려 하자 캉유웨이는 중국으로 돌아와 위안스카이에 반대하면서 청의 마지막 황제를 복위하려는 운동에 가담합니다. 민주공화국으로 가기 위한 과도기로 입헌군주정이 필요하다고 생각했기 때문이지요. 또한 쑨원이 세운 남부중국도 중국이 분단되어서는 안 된다는 생각에 반대합니다. 그러나 청나라는 이미 혁명으로 사라질 운명에 놓여 있었습니다.

　이론적으로는 그 어떤 혁명 세력보다도 급진적인 견해를 취한 캉유웨이의 개혁 운동이 실패한 이유는 무엇일까요? 저는 그 원인을 캉유웨이의 '사상의 거처'가 잘못되어 있었다고 조심스럽게 진단해봅니다. 지식인의 사상이 아무리 급진적이고 그 이상이 원대한 것이라 하더라도, 그 사상을 실현하기 위해서는 역사의 흐름을 제대로 읽을 수 있는 안목이 있어야 합니다. 그는 중국 운동의 흐름을 읽어내는 데 실패했습니다. 위로부터 개혁이 좌절되었음에도 완고한 단계론에 따라 자기 주장을 바꾸는 데 주저했을 뿐만 아니라, 나중에 가서는 중국 혁명파와 대립각을 세움으로써 점차 시대 흐름에 역행하는 결과를 낳았습니다. 따라서 그의 급진적 사상이 실현되기 위해서는 대중이라는 대지에 깊게 뿌리를 내리고 있어야 했습니다. 대중은 단지 계몽과 개혁의 대상이 아니라 바로 개혁 주체이기 때문입니다.

　결국 캉유웨이의 개혁은 실패로 끝났지만, 캉유웨이의 꿈은 고스란히 남아 있습니다. 문제는 오늘날 우리가 우리 세상에서 그 꿈을 어떻게 실현하느냐이지요. 그 꿈을 압축한 구절을 소개할게요.

　　공자의 가르침에는 세 가지가 있는데, 첫째는 내 혈육을 사랑하는 것이며, 둘째는 이웃을 사랑하는 것이며, 마지막으로 만물을 사랑하는 것이다. 공자의 인이 부처의 자비만 못하지만, 그 가르침에는 그

래도 실행 가능성이 있다. 난세에서는 혈육끼리만 서로 친하며, 승

평세에는 이웃끼리 사랑하고, 태평세에는 만물을 사랑하게 된다.

_「대동서」

미완의
혁명

쑨원

"가령 창문이 하나도 없고 무너뜨리기 어려운 무쇠로 지은 방이 있다고 하세. 만일 그 방에서 많은 사람이 깊이 잠이 들었다면, 얼마 지나지 않아 숨이 막혀 죽을 게 아닌가. 그런데 이렇게 혼수상태에 빠져 있다가 죽는다면 죽음의 슬픔을 느끼지는 않을걸세. 지금 자네가 큰 소리를 쳐서 잠이 깊이 들지 않은 몇몇 사람을 깨워, 그 불행한 사람들에게 임종의 괴로움을 맛보게 한다면 오히려 더 미안하지 않은가?" 그러자 친구는 이렇게 반문했다. "하지만 몇몇 사람이 일어난 이상, 이 무쇠 방을 무너뜨릴 희망이 전혀 없다고는 말할 수 없잖은가."

_「외침吶喊」

루쉰의 첫 작품집 『외침呐喊』의 「서문」에 실려 있는 글입니다. 당시 루쉰은 일본에서 돌아와 절망감에 빠져 있을 때였지요. 원래 루쉰은 의사가 되고 싶어했어요. 그래서 일본으로 유학 가서 강의를 듣던 도중 영화를 한 편 보게 됩니다. 그 영화에 중국인을 처형하는 장면이 나왔는데, 루쉰은 이 영화를 보면서 극도의 분노감에 사로잡혔지요. 이유는 중국인이 처형당하는 장면을 보며 즐기는 일본인 때문이 아니라, 아마도 혁명당원이었을 처형자의 목이 잘려나가는 데도 슬퍼하지 않고 오히려 환호하는 중국인 대중을 보았기 때문입니다. 그때 루쉰은 인간의 몸을 고치는 것보다 중요한 무언가가 필요하다는 생각을 합니다. 위 글은 일본에서 돌아와 절망감에 빠져 있던 루쉰에게 친구가 찾아와 나눈 대화 내용이지요. 이 대화가 루쉰에게 글을 쓸 수 있는 용기를 주었어요. 루쉰에게 글쓰기는 중국에 대한 자기 사랑의 표현이었습니다.

루쉰처럼 원래 의사가 되려 했으나, 자신의 삶을 바꿔 중국 혁명의 지도자가 된 사람이 있습니다. 그 사람은 쑨원孫文, 1866~1925입니다. 쑨원은 광둥성에서 가난한 농부의 아들로 태어났지요. 그가 태어나기 직전에 홍수전洪秀全이 이끈 태평천국의 난1850~1864이 진압됩니다. 하지만 이 반란은 중국의 권력자들을 깜짝 놀라게 했고, 가난한 민중에게는 커다란 기대감을 주었습니다. 어린 쑨원은 태평천국의 난을 이끈 홍수전이란 인물에게 엄청난 영향을 받았지요. 그가 중국 혁명을 이끌어갈 때에도 홍수전은 그에게 하나의 롤 모델 역할을 했습니다.

쑨원은 열네 살 때 노동자로 하와이에 간 형의 초청으로 하와이로 건너갑니다. 쑨원은 처음으로 서양 문물을 접하게 되지요. 공부를 열심히 했지만 기독교인이 된 쑨원을 못마땅하게 생각한 형은 다시 쑨원을 중국으로 돌려보냈어요. 중국으로 돌아온 쑨원은 1886년부터 5년 동안 의학 공부를 하여 광저우에서 의사 생활을 시작합니다. 그러나 의사 생활은 삶의 안정을 주었을지는 몰라도 들끓는 열정을 잠재우지는 못했지요. 그는 곧 의사 생활을 그만두고 중국 혁명의 격랑 속으로 들어갑니다.

1894년 무능한 청나라 정권을 타도하고 혁명을 통해 공화국을 건설해야 한다는 생각을 한 쑨원은 혁명 단체인 흥중회를 조직합니다. 이후 흥중회의 혁명 시도는 밀고자가 생겨 실패하고 그 때문에 쑨원은 영국, 캐나다, 일본 등으로 망명 생활을 하지만 중국 혁명에 대한 그의 꿈은 더욱 커져만 가지요. 1905년 일본에서 그는 혁명파들과 중국동맹회를 결성하고 대표로 취임합니다. 그때 처음으로 그의 핵심사상인 삼민주의三民主義를 주장했지요. 쑨원의 삼민주의는 그동안 쑨원이 서양을 돌아다니며 경험하고 독서를 통해 습득한 이론을 중국에 맞게 정리한 것으로, 민족주의, 민권주의, 민생주의를 뜻합니다.

소수의 만주인이 이익을 독점하는 것을 원하지 않기 때문에 민족혁명(민족주의)을 하려고 하며, 군주 한 사람이 이익을 독점하는 것을 원하지 않기 때문에 정치혁명(민권주의)을 하려고 하며, 소수의 부자가 이익을 독점하는 것을 원하지 않기 때문에 사회혁명(민생주의)을 하려고 한다. 이 세 가지가 하나같이 이뤄지지 않는 것은 우리의 뜻이 아니며, 이것을 달성한 후에 중국은 지극히 아름다운 나라가 될 것이다.

_「삼민주의」

쑨원이 주장한 삼민주의는 그 자체로 완결된 이론이 아니었습니다. 쑨원은 혁명 과정에서 끊임없이 삼민주의를 보충하고 변형하면서 자신의 이론을 다듬어갑니다.

민족주의民族主義를 처음 주장할 때는 만주족이 세운 청나라를 무너뜨리고 한족이 다스리는 국가를 세우려고 하였지요. 하지만 1911년 신해혁명辛亥革命으로 청나라를 타도하고 새로운 공화국인 중화민국이 탄생하자, 쑨원은 한민족을 비롯한 여러 소수 민족도 정치 경제적으로 평등한 주체로 결합하여 통합 국가를 세워야 한다고 주장했지요. 1931년 중화민국 헌법에서는 이를 '오족공화론五族共和論'으로 표현했어요. 그렇게 단결된 국가를 기초로 일본 제국주의를 몰아내고 다른 나라들과 맺은 불평등한 조약 문제도 해결해야 한다고 생각했어요. 따라서 쑨원이 주장한 민족주의는 단일민족을 염두에 둔 것이 아니라 가족주의나 종족주의를 넘어선 세계주의의 기초였습니다.

한편 민권주의民權主義는 왕족이나 소수 권력이 지배하는 세상이 아니라 국민 모두에게 권력이 주어져야 한다는 생각입니다. 오늘날의 민주주의와 유사한 이념이지요. 처음에는 청조를 타도하기 위한 이념으로 군권君權이 아닌 민권民權을 주장했지만, 나중에는 '침탈을 일삼던 서양 및 일본 제국주의와 결탁한 군벌을 타도'하고 그들의 권리를 인민에게 되돌리자는 의미로 확대했어요. 한편 서양 민주주의가 입법권, 사법권, 행정권 삼권三權을 이야기했다면, 쑨원은 여기에 고시考試권, 감찰監察권을 추가하여 오권五權을 주장합니다. 고시권은 시험제도에 의한 관리 채용권이고, 감찰권은 관리들을 탄핵할 수 있는 권리를 말해요. 이렇게 추가된 권리는 서양에서 따온 것이 아니라 중국 고래의 제도를 참고했다는 점에서 독창적이라 할 수 있지요. 정부는 이 다섯 가지 '치권治權'에 따라 오원정부五院政府를 구성하게 되지요. 한편 국민은 선거권·파관권罷官權·창세권創制權·복결권複決權의 네 가지 '정권政權'으로써 정부를 감독하고 직접 민권을 행사할 수 있도록 했지요. 특히 창제권과 복결권은 국민이 직접 법률을 제정하거나 폐지하고 입법권에서 부결된 법률도 통과시킬 수 있게 해서 정부의 권력남용을 견제할 수 있게 했어요.

마지막으로 민생주의民生主義는 쑨원이 주장한 권리 중에서 가장 특이하면서도 독창적이어서 해석이 분분한 권리인데요. 쑨원은 "민생이 바로 정치의 중심이다"라고 생각했어요. 쑨원은 민생을 위해서 중국에서 가장 중요하게 해결해야 할 문제가 토지 문제이며, 올바른 과세 제도를 통해 토지 소유를 균등하게 해야 한다고 주장했어요. 중국 역사에서 오랜 기간 가장 문제가 된 것이 토지 소유의 집중과 땅값의 상승으로 지주에게 지나치게 이익이 몰린다는 것이었다는 판단 아래 그 이익을 세금으로 거두어 국민에게 골고루 나누자는 주장이지요. 한편 새롭게 부상하고 있는 독점자본가의 발생을 막고, 국가 발전을 촉진하기 위해 자본주의의 지나친 발전을 경계하자는 주장도 해요. 이러한 주장은 중국 혁명 과정에서 중국공산당과 협력하면서 더욱 강화되지요. 사회주의적 이상이 담겨 있다고 볼 수 있어요.

쑨원은 자신의 삼민주의를 끊임없이 변화시켜왔어요. 특히 중국 혁명을 완수하기 위해서는 공산주의 국가인 소련의 협력(連蘇)과 중국공산당과의 합작(容共), 노동자와 농민의 지지가 필수적이라고 보았기 때문에 그들의 요구를 적극적으로 받아들이면서 중국 사회의 이상적 권리를 표현했지요.

그러나 쑨원이 사망한 뒤, 쑨원 후계자로 지목된 장제스蔣介石와 그의 세력인 국민당은 쑨원의 삼민주의 중에서 보수적인 부분만 받아들이고, 삼민주의에서 혁명적 요소들을 배제하면서 독재의 길로 들어서지요. 다른 한편 마오쩌둥과 중국공산당은 쑨원의 삼민주의를 적극적으로 수용하여 자신의 세력을 더욱 확장해갔어요. 나중에 쑨원의 삼민주의는 마오쩌둥이 주장한 신민주주의론新民主主義論에 적극적으로 반영되었습니다. 그리하여 태평천국의 홍수전에서 시작되어 쑨원으로 계승된 농민의 '경작자에게 땅을!'이라는 슬로건은 마오쩌둥으로 계보가 이어지게 됩니다.

쑨원은 "내가 남기는 것은 국민당이다"라고 말했고, 그의 역사적 임무를 장제스와 국민당이 잘 이어주기를 기대했지만, 결국 그의 염원은 마오쩌둥을 통해서 이루어졌어요. 이 사실을 쑨원이 알았다면 심정이 어떠했을까요?

신해혁명 이후 1912년 중화민국 임시정부난징정부가 세워지면서 쑨원은 임시대통령으로 선출됩니다. 청나라는 위안스카이를 총리대신으로 임명하여 혁명군을 진압하도록 하지만, 오히려 위안스카이는 혁명군에 가담하여 1912년에 청나라를 멸망시키지요. 위안스카이가 권력을 장악하자 쑨원은 분열된 중국을 만들어서는 안 된다는 생각에 위안스카이에게 임시총통 자리를 넘겨줍니다. 하지만 1916년 권력욕에 눈이 먼 위안스카이는 신해혁명의 정신을 버리고는 공화제를 폐지하고 중화제국의 황제로 등극하지요.

쑨원은 반혁명세력으로 돌아선 위안스카이에게 저항하였고, 위안스카이가 사망하자 다시 중국은 군벌軍閥의 할거시대로 돌아갑니다. 쑨원은 1921년 광둥정부를 수립하고 베이징의 군벌정부에 대항하면서 1919년에는 '중국국민당'을 결성하지요. 그리고 군벌로부터 중국을 구하기 위해 중국공산당과 합작하여 군벌과 맞섭니다. 1924년 모든 계층과 단체로 구성된 국민회의를 제창하고 이를 추진하던 중 "혁명은 아직 성공하지 못했다"라는 유언을 남기고 쉰아홉의 나이에 사망하지요.

쑨원의 뒤를 이은 장제스는 난징에 국민당 정부를 수립하여 중국 통일을 완수하고, 마오쩌둥이 이끄는 중국공산당과 합작하여 일본 제국주의를 몰아냈습니다. 하지만 그 후 중국 본토의 지배를 놓고 중국공산당과 내전을 치르게 되지요. 결과는 누구나 알겠지만 결국 중국 국민의 지지를 얻지 못한 장제스 세력은 4년간의 전쟁에서 패배하고 패잔병 50만 명과 200만 명의 피난민을 이끌고 타이완으로 철수하고 말지요. 마오쩌둥이 이끄는 중국공산당 세력이 중국 대륙을 장악하게 된 것이지요.

그러면 국민당을 창당하고 이끌었던 쑨원은 어떤 평가를 받았을까요? 놀랍게도 타이완으로 쫓겨난 장제스 세력도 쑨원을 국부國父로 평가하고 기념할 뿐 아니라, 대륙의 공산당 세력도 쑨원을 민족의 위대한 지도자로 우러르게 되지요. 전쟁을 치른 두 세력 모두에게 숭앙받는 정치 지도자로 대접받는 쑨원을 보는 우리 심정이 착잡합니다. 우리 근대사에서 남북한 모두에게 인정받는 정치 지도자는 과연 있을까 하는 안타까움 때문이지요. 제 생각으로는 김구金九가 쑨원과 비교하더라도 손색이 없다고 보지만, 김구는 북한에서는 배척되었고, 남한에서는 암살되는 비운을 겪었지요. 우리 민족의 비극이 아닐 수 없습니다.

쑨원의 삶은 결코 성공한 삶이라고 볼 수 없어요. 그가 꿈꾸는 세상을 이루지도 못하고 혁명의 와중에 죽고 말았지요. 그렇지만 쑨원에게는 놀라운 장점이 있어요. 그는 국외에 망명하면서 서양 민주주의에 깊은 관심을 갖게 되었지만, 그 이념을 그대로 중국에 적용하지 않고 중국 실정에 맞게끔 바꿔서 적용하는 주체성이 있었어요. 아울러 그가 주창한 삼민주의 역시 처음부터 완성된 것이 아니라 혁명 과정에서 끊임없이 갈고닦으면서 중국 현실의 변화를 반영하도록 고쳤지요. 부정적으로 평가하면 결함이 많은 이론이라 할 수도 있지만, 긍정적으로 평가하면 자신의 이론을 현실에 맞게 적극적으로 고치는 유연성을 가지고 있었다고 볼 수 있지요. 그리고 이념 중심으로 혁명 운동을 한 것이 아니라 중국 현실을 중심으로 이념을 확장하는 창의성도 있었지요. 그러기에 그의 삼민주의에는 민족주의를 넘어서 세계주의와 국제주의적 요소가, 자본주의의 결함을 극복할 수 있는 사회주의적 요소가, 권력의 횡포를 잘 견제하고 국민의 권리를 강화할 수 있는 직접민주주의적 요소가 모두 담길 수 있었지요.

쑨원은 죽으면서 이렇게 유언했습니다. "혁명은 아직 성공하지 않았다. 동지 제군은 거듭 힘써야 한다(革命尙未成功, 同志仍須努力)." 이 혁명의 진행은 국민당의 장제스가, 다른 한편으로는 중국공산당의 마오쩌둥이 이어받게 됩니다. 쑨원은 혁명의 완수를 보지는 못했으나 중국 혁명의 든든한 밑거름이 되었습니다. 쑨원과 동시대인인 루쉰의 글을 읽다가 쑨원에게 딱 맞는 글을 만났습니다. 루쉰은 쑨원을 염두에 두고 쓰진 않았지만, 저는 이 글을 쑨원에게 바치는 헌사로 인용하려고요.

이 자리에 있는 여러분도 십중팔구 천재가 나오길 바랄 것이다.

그러나 천재가 나오기가 매우 어렵다는 것, 또한 천재를 길러낼 흙 역시 구하기가 매우 어려운 것이 현실이다. 천재는 거의 선천적이겠지만, 모든 사람이 천재를 길러내는 흙이 될 수는 없다. 흙 역할을 하는 것이 천재가 나오기를 요구하는 것보다 더 절박하다. 그렇지 않으면 천재가 나오더라도 흙이 없어서 발육하지 못하고, 접시 위에 녹두 싹 꼴이 될 것이다.

천재에 비하면 흙은 물론 하찮은 것이다. 그러나 흙이 되기도 쉬운 일은 아니다. 뛰어난 인내와 노력이 필요하다. 그러나 일이란 사람 마음먹기 나름인 것이다. 아무것도 하지 않으면서 천재를 기다리는 것보다야 이쪽이 훨씬 확실하다. 바로 여기에 흙의 위대한 면이 있으며, 그냥 기다리는 것에 비해 더 큰 희망이 있다. 더구나 보답도 있다. 이를테면 고운 꽃이 흙에서 자라 피어났을 때, 구경하는 사람은 물론 흙 자신도 즐겁게 감사할 수 있는 것이다. 꼭 자기 자신이 꽃이 되어야만 흐뭇한 것은 아니다. 이는 흙도 영혼이 있다면 그렇다는 얘기다.

_「희망은 길이다」

혁명의
불꽃

마오쩌둥

강산은 이처럼 너무도 아름답건만

무수히 많은 영웅은 어디로 갔는가?

애석하구나.

신시황과 한무세

수레나 끌고 글이나 만졌을 뿐,

당태종과 송태조

시대의 시끄러움만 일으켰을 뿐,

한 시대를 풍미했던

칭기즈 칸

고작 큰 독수리나 잡을 줄 아는 오랑캐 궁사,

이들과 함께 갈 수 있겠는가?

헤아려보라

풍류인물이 있는지.

자, 이제 눈을 돌려 오늘을 보자.

江山如此多嬌　引無數英雄競折腰
惜　秦皇漢武
略輸文采　唐宗宋祖
稍遜風騷　一代天驕
成吉思汗　只識彎弓射大雕
俱往矣　數
風流人物　還看今朝

_「심원춘설沁園春雪」

마오쩌둥이 쓴 「심원춘설沁園春雪」 중 일부입니다. 마오쩌둥이 국민당
에 쫓겨 1만 5,000킬로미터의 대장정을 한 후 다시 조직을 정비하고 새
로운 출발을 하려는 의지를 보여주는 시이지요. 장정을 시작할 때 10만
명이나 되었던 병사가 장정이 끝났을 때에는 1만 명도 채 남지 않은 상
황에서도 결코 좌절하지 않고 새로운 역사를 쓰겠다는 포부가 드러나
있지요.

중국의 현대사에서 마오쩌둥毛澤東,1893~1976이라는 인물은 가장 큰 자
장을 형성하고 있습니다. 후난성에서 가난한 농민의 아들로 태어나 제

대로 교육을 받지 못하다가, 중국 혁명의 격동기에 혁명론에 감동받아 신해혁명 당시 혁명군에 입대하였고, 1912년에는 제1사범대학교에 입학하여 스승 양창지楊昌濟를 만나 혁명 사상을 배웁니다. 그와의 인연으로 그의 딸 양룬후이楊開慧와도 결혼하게 되지요. 재학 중이던 1917년에는 혁명 운동을 지지하는 학생들과 신민학회新民學會를 조직하고, 1918년에는 졸업하여 베이징대학 도서관 주임인 리다자오李大釗의 조교로 활동하면서 마르크스주의에 깊은 관심을 갖게 됩니다. 상하이에서는 마르크스주의자 천두슈陳獨秀를 만나지요. 시골 청년이었던 마오쩌둥이 서양사상(특히 마르크스사상)에 세례를 받아 혁명가로 탄생하게 되는 시기입니다. 드디어 1921년 상하이에서 중국공산당이 창립됐을 때 마오쩌둥은 이미 주목받는 청년 혁명가였지요. 1924년에 국민당과 공산당이 합작을 했을 때, 마오찌둥은 농민운동에 깊은 관심을 갖고 활동했습니다. 마오쩌둥의 농민에 대한 애정과 관심은 혁명 기간 내내 마오쩌둥사상의 핵심으로 자리 잡게 됩니다.

1925년 쑨원이 죽자, 그의 계승자였던 징제스는 국공합작을 분열시키고 중국공산당을 섬멸하려 합니다. 중국공산당은 마오쩌둥이 주장한 유격전 전략으로 이에 맞서지요. 중국공산당의 저항이 만만치 않자, 장제스는 국민당의 70만 대군을 동원하여 총공세를 펼칩니다. 이에 공산당은 마오쩌둥의 유격전 전략을 포기하고 정규전과 참호전을 선택하여 대패하게 되지요. 1934년 백의종군하던 마오쩌둥은 남은 공산당군을 이끌고 국민당의 취약 지점인 서쪽으로 후퇴합니다. 이것이 그 유명한 대장정입니다.

이 대장정을 통해 중국공산당은 존폐 위기에서 벗어날 수 있었습니다. 대장정에 대하여 마오쩌둥의 전기를 쓴 에드거 스노Edgar Snow는 『중국의 붉은 별Red star over China』에서 이렇게 표현합니다.

> 홍군은 열여덟 개의 산맥을 넘고 스물네 개의 강을 건넜다. 그 산맥 가운데 다섯 개는 만년설로 덮여 있었다. 그들이 통과한 성이 열두 개, 점령한 도시와 마을이 예순두 개, 돌파한 지방 군벌군의 포위망이 열 개였다. 한니발의 알프스 원정이나 모스크바에서 대패한 나폴레옹군의 퇴각 따위는 여기에 비하면 휴일의 소풍에 지나지 않는다.
>
> _『중국의 붉은 별』

비록 대장정 이후 공산당군은 많은 군사를 잃었지만, 중국공산당이 재건할 수 있는 기틀을 마련할 수 있었지요. 이후 공산당은 마오쩌둥을 최고 지도자로 인정하게 됩니다. 마오쩌둥은 공산당 본부를 옌안延安으로 옮기고, 그곳을 근거지로 항일전쟁을 진행하면서 중국공산당이 중국 전역을 장악할 수 있도록 합니다. 이후 일본 제국주의가 패망하자 국민당과 사활을 건 전쟁에서도 승리할 수 있었지요. 마침내 1949년 10월 1일, 마오쩌둥은 베이징의 톈안먼天安門 광장에서 100만 명이 지켜보는 가운데 중화인민공화국의 성립을 선언하게 됩니다.

이런 혁명 전쟁의 와중에도 마오쩌둥은 많은 저술 작업을 하는데요. 그의 저술 작업이 책상물림에서 나온 작업이 아니라 중국의 현실 정치를 반영하고 있다는 점에서도 의의가 크다고 할 수 있습니다. 그의 대표적인 작품으로는 『실천론實踐論』과 『모순론實踐論』(1937), 『지구전론持久戰論』(1938), 『신민주주의론新民主主義論』(1940) 등이 있습니다.

특히 『실천론』과 『모순론』은 마르크스주의의 영향 아래 쓰였지만, 그것을 그대로 수용하지 않고 중국의 전통적인 사상을 반영하여 새롭게 썼을 뿐 아니라, 당내 이론 투쟁의 산물이면서 중국 혁명의 나아갈 방향과 원칙을 밝힘으로써 이론과 실천을 모두 담고 있다는 점에서 놀라운 작품이라 할 수 있지요. '마르크스주의의 중국화'라고 할까요?

『실천론』과 『모순론』은 1937년 마오쩌둥이 연안의 항일군정대학抗日軍政大學 철학과에서 강의한 내용을 담았어요. 마오쩌둥은 『실천론』 강의를 통해, 중국공산당 내에서 마르크스주의 이론에만 경도되어 중국의 현실을 제대로 보지 못하고 구체적 실천을 외면하는 '교조주의자'들과 혁명 경험만을 중시하고 이론을 무시하려는 '경험주의자'들을 모두 비판하려 했습니다. 특히 실천을 외면하는 교조주의를 비판하고 실천의 중요성을 강조했어요.

마르크스주의자는 인간의 사회적 '실천'만이 외부세계에 대한 인간 인식의 진리성 여부를 판단하는 기준이라고 생각한다. 실제로 사회적 실천 과정을 통해 사람들이 사상 속에서 예상했던 결과에 도달했을 때에만 그 인간의 인식은 비로소 검증되는 것이다.

_「실천론實踐論」

마오쩌둥은 마르크스주의 인식론의 핵심을 실천에 있다고 보았지요. 마르크스도 이런 글을 쓴 적이 있어요. "지금까지 철학자들은 세계를 다양하게 해석해왔다. 그러나 문제는 세계를 변혁시키는 것이다." 마오쩌둥은 전통적 중국 철학의 개념인 지知, 인식와 행行, 실천을 마르크스주의적으로 새롭게 해석했지요. 게다가 완성된 인식은 없으며, 실천을 통해서 자신의 인식을 끊임없이 확인해야 한다고 주장했어요. 예를 들어 '태평천국의 난'이라는 실천은 감성적 인식 단계였으나, 이를 통해 중국의 문제가 단지 한 나라의 문제가 아니라 제국주의와 관련된 문제라는 것을 인식하게 되었고, 이를 다시 실천으로 옮긴 것이 '신해혁명'이었다는 거지요. 하지만 인식은 거기에서 끝나는 것이 아니라 '공산주의혁명'이라는 실천을 통해 다시금 비약적으로 발전할 수 있다고 주장해요. 사회의 변화 단계에 따라 그에 맞는 인식과 실천은 항상 필요하고, 실천을 통해 다시금 인식의 비약으로 나타난다는 주장입니다. 이러한 마오쩌둥의 실천론은 끝없는 발전적 순환을 전제한다는 점에서 공산주의 사회로 완결을 이야기하는 전통적 마르크스주의와는 차원이 다른 이론이라 할 수 있어요. 그의 실천론은 이렇게 마무리됩니다.

실천을 통해 진리를 발견하고, 실천을 통해 진리를 검증하며 진리를 발전시킨다. 감성적인 인식에서 출발하여 능동적으로 이성적인 인식으로 발전시키고, 또 이성적 인식에서 출발하여 능동적으로 혁명적 실천을 지도함으로써 주관적 세계와 객관적 세계를 변혁한다. 실천, 인식, 다시 실천, 다시 인식이라는 형식이 끝없이 순환, 반복되고, 이렇게 순환할 때마다 실천과 인식의 내용은 한층 높은 수준으로 심화된다. 이것이 바로 유물론적 인식론 전체이며 변증법적 유물론의 지행통일관知行統一觀이다.

_「실천론」

한편 『모순론』은 마르크스 이론을 중국의 혁명적 실천에 적용하려 한 지술입니다. 특히 중국과 같이 한편으로는 봉건주의적 잔재를 청산해야 하고, 다른 한편으로는 일본 제국주의를 몰아내야 하며, 또 다른 한편으로는 세계적 혁명의 흐름에 발맞춰 공산주의 국가를 건설해야 하는 총체적인 과제가 주어진 상태에서, 어떠한 혁명적 과제를 우선적으로 수행하고, 이를 누구와 함께 수행해야 하는지를 깊이 고민하지 않을 수 없었지요. 중국공산당 내에서도 이에 대한 의견이 분분한 가운데 마오쩌둥은 『모순론』을 강의했지요.

마오쩌둥은 모순을 특수성과 보편성으로 설명합니다. 예를 들어 자본주의 사회에서 보편적인 모순은 노동자와 자본가 간의 모순이지만 그것이 드러나는 양상은 상황과 시기에 따라 특수하다는 이야기지요. 중국의 상황으로 이야기해보면 중국은 농업사회적 특성이 있기 때문에 농민의 역할에 대한 특수성이 고려되어야 한다고 보았어요. 또한 일본 제국주의의 침탈에 맞서는 상황에서는 내부 사회의 모순보다는 대외적 상황을 우선적으로 고려해야 한다고 보았지요. 이러한 마오쩌둥의 생각은 현실에 가장 두드러지고 커다란 모순을 우선적으로 해결해야 한다는 것으로 표명되지요. 이를 마오쩌둥은 '주요모순'이라고 말했고, 그렇지 않은 것은 '부차모순'이라고 보았어요.

따라서 제국주의 시대에 중국은 주적인 일본 제국주의에 대항하는 투쟁을 가장 우선시해야 하며, 이를 위해 일본 제국주의에 반대하는 모든 국내 세력과 국외 세력이 연대하는 반제국주의 통일전선을 결성하여 투쟁하는 것이 가장 먼저 고려되어야 한다는 거지요. 마오쩌둥이 국민당에 번번이 배신을 당하면서도 일제와 맞서기 위해 계속해서 합작을 하려 했던 이유도 바로 여기에 있었던 겁니다. 한편 노동자를 중심으로 중국 혁명을 수행하자는 교조주의에 맞서 농민의 혁명적 역할을 중시하고, 도시를 중심으로 진지전과 참호전을 수행해야 한다는 주장에 맞서 기동전과 유격전을 통해 오히려 변방에서 도시를 파고들어야 한다고 주장했던 것 역시 중국적인 특수성을 정확히 이해했던 마오쩌둥의 탁월함을 입증해주는 것이었습니다.

『모순론』은 모순의 보편성과 특수성, 주요모순과 부차모순, 적대적 모순과 비적대적 모순 등 다양한 모순의 양상을 개념화함으로써, 중국 사회를 정확히 분석하고 혁명 운동에서 적과 아의 구분을 명확히 할 수 있게 만드는 저술이었지요. 아울러 교조적인 소련의 지도 이념과 달리 중국 상황에 맞게 창조적으로 마르크스사상을 재정립하여 실천할 수 있는 지침서가 되었습니다.

마오쩌둥의 사상은 중국 혁명의 지도 이념이 되었으며, 중국이 공산주의국가를 건설한 이후 전 세계의 혁명가들에게 많은 영향을 주었습니다. 특히 블라디미르 레닌Vladimir Lenin 사후 이오시프 스탈린Iosif Stalin 의 지배하에 있던 세계 공산주의 운동의 경직성을 비판하고, 새로운 공산주의 운동을 전개하는 데 이론적 모델을 제공했지요. 서양사상가 중에는 마오쩌둥주의에 영향을 받은 사람이 많은데요. 장 폴 사르트르Jean Paul Sartre, 시몬 드 보부아르Simone de Beauvoir, 미셸 푸코Michel Foucault 등을 손꼽을 수 있습니다.

마오쩌둥은 현재까지도 중국에서는 가장 존경받는 사상가이자 혁명가이지만, 그에 대한 부정적 평가가 없는 것은 아닙니다. 마오쩌둥은 공산주의 국가를 선설한 이후에 소련과 대결히면서, 중국만이 유일한 정통 공산주의를 계승한 국가라는 생각에 혁명을 조급하게 추진하여 '대약진', '인민공사人民公社' 같은 무리한 개혁 정책을 펼쳐 2,000만 명에 이르는 기아를 낳는 참상을 초래하기도 했고요. 이로써 잠시 실권하기도 하지요. 또한 당내 자본주의 세력을 척결하고, 관료주의와 부정부패를 일소하며 중국 혁명을 강화한다는 목적으로 문화대혁명1966~1969을 일으켰는데요. 이 기간에 중국의 현실을 비판하던 당 외의 대중인 홍위병紅衛兵

이 동원되어 파괴적인 투쟁과 규탄, 숙청 등이 진행되었지요. 그로써 수많은 정치인과 지식인이 죽거나 자리를 빼앗기고 고생하게 됩니다. 어찌 보면 중국의 자본주의화를 막으려고 했던 마오쩌둥의 마지막 혁명적 조치라고 볼 수도 있겠네요. 하지만 오늘날 중국은 오히려 마오쩌둥이 제거하고자 했던 자본주의적 개혁과 개방 정책이 주된 정책으로 굳건하게 자리 잡고 있으며, 마오쩌둥의 문화대혁명에 대하여 곱지 않은 평가를 하고 있으니, 역사의 아이러니라고나 할까요?

마오쩌둥은 공산주의 운동을 시작한 이후 생의 한순간도 머뭇거리거나 좌절하지 않았습니다. 그는 중국 혁명이 위기에 처해 있을 때에도 "한 줄기 불꽃이 온 들판을 뒤덮는다(星星之火 可以燎原)"라는 고사를 인용하면서 지금은 작은 세력에 불과하지만 공산주의 세력이 중국을 장악하게 될 것이라는 확신을 가지라고 말했지요. 고난과 투쟁의 세월을 지나 마침내 1949년 마오쩌둥은 톈안먼 광장에서 "중화인민공화국은 성립되었다. 중국 인민은 떨쳐 일어났다"라고 당당히 선포할 수 있었어요. 그로부터 60년이 훨씬 지난 지금, 관료주의화되고 자본주의화된 중국을 보면 마오쩌둥은 뭐라고 말할까요? 혁명의 시대는 지났고 자본의 시대는 영원할 것이라고 편안히 말하는 오늘날, 우리는 무엇을 꿈꾸며 살고 있는지….

03 우주

우주와 인간의 원리,
무엇이 같고 다를까

天

땅에 발 딛고 살아가는 인간이지만 그 눈은 하늘을 향합니다. 유한한 삶을 살아가지만 무한한 세상을 꿈꾸는 것이 인간이지요. 원시시대에는 가장 큰 공포가 하늘과 땅의 재앙이었지만 현대사회의 가장 큰 희망은 땅과 하늘의 새로운 인식이 될 것이라 상상해봅니다. 그래서 사상가들은 하늘과 땅의 이치와 원리를 발견하기 위해 그토록 노력했나 봅니다. 자연론과 우주론에 대한 탐구는 인간론 탐구의 기초가 될 것입니다. 인간과 자연은 어떠한 관계를 맺어야 하는가? 우주의 원리와 인간 삶의 원리는 같은 것인가 다른 것인가? 어찌 보면 인간의 삶과 가장 멀리 떨어져 있는 것 같지만 가장 밀접한 연관을 가지고 있는 질문이지요.

이 장에서는 춘추전국시대에 패권정치를 비판하고 무위사상을 전파했던 노자와 민초의 고통을 함께하고자 했던 허행을 소개합니다. 또한 노자사상을 자신의 통치 이념으로 삼았던 회남자, 필연의 세계관에 우연을 도입한 왕충, 노자와 주역을 독창적으로 주석한 천재 사상가 왕필도 등장하지요. 아울러 유학을 형이상학화하여 우주론으로까지 확장한 장재와 주희, 장재의 기철학을 더욱 정교화한 왕부지와 주희의 이학理學을 비판하면서 인간의 본성을 긍정한 대진을 소개합니다. 이 모든 사람이 기존의 세계관을 비판하면서 새로운 세계관을 세워보려고 노력한 사상가들이지요. 여러분은 어떠한 세계관을 가지고 있나요?

소유 없는 생산,
지배 없는 발전

노자

이소룡의 〈사망유희The Game Of Death〉라는 영화를 보셨나요? 이소룡의 유고작이기도 한 이 작품은, 그가 작품을 완성하기 전에 죽었기 때문에 후반부에 다른 배우를 출연시켜 나머지를 찍어야 했습니다. 그래서 영화관에서 개봉된 작품은 그야말로 조잡하기 그지없는 영화로 기억되고 있습니다. 그 후 이소룡이 남긴 유품을 찾아 정리하다가 가장 중요한 장면에 해당하는 법주사 내 결투 장면이 고스란히 남아 있는 것을 발견하고, 이를 이소룡의 무술 세계를 담은 다큐멘터리 「이소룡-전사의 여행 Bruce Lee-A Warrior's Journey」에 담아놓았습니다.

이 다큐멘터리는 이소룡에 대하여 우리가 잘 알지 못했던 많은 사실을 알려주었는데요. 그중에서 이소룡이 미국에서 철학—그중에서도 노장철학—을 전공했고, 자신의 무술 세계에 이 철학을 고스란히 담아놓았다는 것을 알고 무척이나 놀랐습니다.

다큐멘터리의 맨 끝에 인터뷰어는 이소룡의 철학 세계를 대변하는 문장을 기억하고 있냐는 질문에 이렇게 말합니다.

마음을 비우고, 물과 같이 어떠한 형체도 갖지 마라. 컵에 물을 넣으면 물이 컵이 되고, 병에 넣으면 병이 되고, 주전자에 넣으면 주전자가 된다. 물은 흐를 수도 있고, 부술 수도 있다. 물이 되게, 나의 친구여!

Empty your mind! Be formless, shapeless like water! You put water into a cup, it becomes the cup. You put water into a bottle, it becomes the bottle. You put water into a teapot, it becomes the teapot. Now water can flow, or it can crash. Be water, my friend!

〈이소룡-전사의 여행〉

이소룡이 말한 내용은 노자의 『도덕경』 78장에서 유래한 것입니다. 78장을 읽어볼까요.

세상에 물보다 더 부드럽고 여린 것은 없다. 그러나 단단하고 힘센 것을 물리치는 데 이보다 더 훌륭한 것은 없다. 이를 대신할 것이 없다. 약한 것은 강한 것을 이기고, 부드러운 것이 굳센 것을 이기는 법.

天下莫柔弱於水, 而攻堅强者, 莫之能勝. 以其無以易之, 故, 柔之勝剛, 弱之勝强

_『도덕경道德經』

약하고 부드러운 것이 강하고 굳센 것을 이긴다는 이 역설적 진술. 노자가 꿈꾼 세상은 바로 그런 것이었을까요?

노자老子, BC6세기경의 생몰연대는 정확히 알 수 없습니다. 그러니까 춘추시대 사람으로 초나라에서 사관史官을 했을 것이라 짐작할 뿐입니다. 성은 이李요, 이름은 이耳, 자는 담耼이라 알려져 있습니다. 이름이나 자의 한자에서 알 수 있다시피 귀(耳)의 모양새가 아주 특색이 있거나, 남의 이야기를 잘 듣는 사람이었으리라 짐작됩니다. 그러니까 노자는 이름이라기보다는 '존경받는 노인'의 의미로 쓴 것이지요. 요즘 말로 '어르신' 정도가 될까요. 그가 썼다는 『도덕경』이라는 저술도, 문헌학자들의 연구에 따르면 1인 저술이라기보다는 노자의 가르침을 따랐던 노자학파 Laotzu-school의 집단적 노력의 산물이라고 합니다. 그러나 여기에서 그런 학술적인 이야기를 더 할 필요는 없겠지요.

『도덕경』의 분량은 아주 적습니다. 총 5,000자 남짓. 200자 원고지로 치면 스물다섯 장 정도이고, A4용지에 빽빽이 채우면 석 장이면 모든 내용을 담을 수 있지요. 문제는 고작 5,000자 남짓 되는 이 책이 중국뿐만 아니라 전 세계적으로 사랑받는 고전 중 하나라는 것입니다. 거기에는 그럴 만한 이유가 있겠지요?

제 생각으로는 중국 역사를 지배하는 가장 큰 철학적 흐름을 두 개 꼽았을 때, 양지에 해당하는 것이 유교사상이요, 음지에 해당하는 것이 노장사상이 아닐까 싶네요. 신영복 선생은 그의 책 『강의』에서 중국 사상의 흐름을 진進의 흐름과 귀歸의 흐름으로 나누고, 나아감(進)에 해당하는 사상으로 유교사상과 법가사상을 꼽았으며, 돌아감(歸)에 해당하는 것으로 노장사상을 들었습니다.

유교사상과 법가사상이 무엇입니까? 그것은 인의仁義와 법으로 세상을 통치하려는 정치철학이지요. 그 통치 방식이 감동과 매력을 주는 사랑의 방식이든, 강제와 구속을 하는 법의 방식이든 양자 모두 인위적人爲的인 것임에는 틀림없습니다. 이를 따르는 무리에게는 축복과 같은 것일지 모르나, 이를 실행할 수 없는 무지렁이 같은 백성에게는 양자 모두 거대한 질곡으로 다가갔을 것이 분명합니다. 법과 도덕이 지배하는 세상이 아름답게 보일지 모르지만, 거기에는 숨 쉴 틈이 없지요. 착한 놈, 잘난 놈, 똑똑한 놈, 강한 놈만이 대접받는 세상에서 착하지 않은 놈—악한 놈이 아닙니다—, 못난 놈, 멍청한 놈, 약한 놈은 기죽어 살 수밖에 없지 않겠습니까.

이와 같은 세상에서 역사적 음지에 살고 있는 자들을 복원하고, 그들에게 삶의 힘을 주는 사상이 있다면 얼마나 좋을까요. 저는 바로 그러한 역할을 노자가 어느 정도는 하지 않았을까 짐작해봅니다.

『도덕경』 첫머리는 이렇게 시작됩니다.

> 무엇을 진리라 말하지만 그것이 영원한 진리일 리 없다.
> 사물에 이름을 붙이지만 그것이 영원한 이름일 수 없다.
>
> 道可道　非常道
> 名可名　非常名
>
> _『도덕경』

고전의 첫머리에 그 고전의 핵심이 담겨 있는 경우가 있습니다. 일종의 선언이지요. 예를 들어 기독교 성서의 첫 문장은 이렇게 시작됩니다. "태초에 하느님이 천지를 창조하셨다." 이 한 문장이 기독교의 세계관을 담고 있는 것이지요. 하느님의 창조와 개입으로 이루어진 세상! 이 세계관에서 벗어나면 기독교인이 아닌 것이지요. 노자는 이렇게 선언합니다. 변하지 않는 진리는 없다! 고정된 개념은 없다! 모든 것을 실체화하려는 일련의 노력을 무화無化하는 이 혁명적 선언을 노자가 하고 있습니다.

물론 이러한 세계관은 노자만의 것은 아닙니다. 모든 세계를 변화의 원리를 통해 보려 했던 것이 '역易'입니다. 동양인에게 가장 친숙한 세계관이지요. 노자의 위대함은 이 친숙한 세계관을 다시 한 번 확인한 것이 아니라, 이 변화의 세계관을 정치, 경제, 사회, 문화, 언어 등 모든 영역에 일관되게 적용했다는 점이지요. 노자는 권력에 가장 가까이 있었던 사람으로 추정됩니다. 그러니까 권력의 유용함뿐만 아니라 위험성을 누구보다 절실히 느낄 수 있었지요.

혹자는 노자가 시詩 형식으로 자신의 사상을 표현한 것이 권력층과 지식인을 주 독자층으로 삼고 있으며, 그의 사상이 결국 권력자를 위한 사상에 불과하다고 폄하하지만, 저는 『도덕경』에 담겨 있는 사상은 춘추전국시대의 패권정치를 비판하고, 지식인이 빠지기 쉬운 망집妄執을 반성할 수 있는 유용한 도구라고 생각합니다.

『도덕경』3장은 다음과 같이 시작됩니다.

> 훌륭하다는 사람 떠받들지 마십시오.
> 사람 사이에 다투는 일이 없어질 것입니다.
> 귀중하다는 것 귀히 여기지 마십시오.
> 사람마다 훔치는 일 없어질 것입니다.
> 탐날 만한 것 보이지 마십시오.
> 사람의 마음 산란해지지 않을 것입니다.
>
> 不尙賢, 使民不爭
> 不貴難得之貨, 使民不爲盜
> 不見可欲, 使民心不亂
>
> _「도덕경」

춘추전국시대의 군주가 가장 원한 것이 바로 인재, 재물, 탐낼 만한 것 아니겠습니까? 그런데 노자는 이 모든 것에 금지령을 내립니다. 인재 중심의 세상이 오면, 경쟁이 강화되고 그렇지 못한 사람들은 소외되고 좌절하는 사태가 자연스럽게 생겨나겠지요. 재물 중심의 세상이 오면, 사람들의 삶은 온통 재물에 몰두될 것이고, 재물이 없는 사람들은 재물을 구하기 위해 무슨 짓이든 하겠지요. 탐낼 만한 것은 무엇입니까? 땅, 집, 지위, 명예? 그것이 과연 인간 삶의 본령일까요? 이렇게 써놓고 보니 우리 사회의 모습과 무엇이 다른지 구별이 불가능합니다. 행복은 뛰어난 지식과 재주에서 오는 것도 아니고, 쌓여가는 부에서 오는 것도, 지위나 명예에서 오는 것도 아님을 노자는 이야기하고 있지요. 반反물질주의적·반反자본주의적 세계관이라고 해도 손색이 없네요.

노자의 신선함은 거기에 그치지 않지요. 그는 당대 지식인들이 가지고 있던 지배적 개념과는 정반대 개념을 자신의 주된 개념으로 사용함으로써 우리 사유의 역전을 모색하고 있습니다. 가치관의 전복이라고 할까요? 노자가 사용한 개념은 철학적이라기보다는 문학적입니다. 빈 그릇, 계곡, 여인, 통나무, 어린아이!

도가 만약에 있다면 그것은 그릇처럼 비어 있을 것이다. 차고 넘치지 않는다.

道, 沖而用之, 或不盈 _4장

계곡은 마치 신비의 여인처럼 결코 마르지 않는다.

谷神不死 是謂玄牝 _6장

도에 이름을 붙일 수 없으나, 굳이 붙이자면 통나무와 같다. 비록
작으나 천하도 그것을 다스릴 수 없다.

道常無名, 樸雖小, 天下莫能臣也 _ 32장

어린아이로 돌아가라.

復歸於嬰兒 _28장

넘침을 추구하는 시대에 비움을, 드러남을 자랑하는 시대에 감춤을,
세련됨을 이야기하는 시대에 투박함을, 빼앗는 남성적 가치가 아닌 나
누는 여성적 가치를, 딱딱하게 굳은 어른 대신에 부드럽고 유연한 어린
아이를 이야기하는 것이 노자의 이미지 전략입니다. 그런 의미에서 고
대의 노자는 이미 포스트모던을 선취했던 셈이지요. 거대담론의 폐기를
통해 미소담론을 드러내는 것이 바로 포스트모던의 전략 중 하나니까
요. 포스트모던 철학의 핵심이 타자他者의 시선 확보라고 한다면, 노자야
말로 당대 타자들을 소환하여 자신의 텍스트에 핵심적 가치로 부각시키
고 있지요.

그러나 노자가 동원한 이미지 중에서 가장 두드러지는 것은 뭐니 뭐

니 해도 물입니다. 8장에서는 물의 속성이 풍성하게 표현됩니다.

가장 훌륭한 것은 물처럼 되는 것입니다.
물은 온갖 것을 위해 섬길 뿐,
그것들과 결코 다투지 않습니다.
모두가 싫어하는 낮은 곳을 향해 흐를 뿐입니다.
그러기에 물은 진리에 가장 가까운 것입니다.

上善若水. 水善利萬物而不爭, 處衆人之所惡. 故幾於道. _ 8장

물의 가장 큰 특징은 일정한 형태가 없다는 점이지요. 상황에 따라 자기 모습을 늘 변신하면서도 모든 것을 끌어안고, 모든 것을 먹이면서 가장 낮은 곳으로 흘러 바다에 도달하는 물의 이미지야말로 노자가 바라본 도의 모습이었고, 자연의 원리였으며, 사람이 살아가야 할 태도였지요. 그리고 그에 반하는 원리나 태도는 반생명적이고 빈윤리적인 것이라고 판단했습니다.

그래서 노자는 도를 따라 이렇게 살라고 당부합니다.

낳고 기르십시오.
낳았으되 가지려 하지 마십시오.
모든 것 이루나 거기 기대려 하지 마십시오.

지도자가 되어도 지배하려 하지 마십시오.

이를 일컬어 그윽한 덕이라 합니다.

生之畜之, 生而不有
爲而不恃, 長而不宰
是謂玄德 _ 10장

버트란트 러셀Bertrand Russell은 이 대목을 이렇게 번역했습니다. 소유 없는 생산production without possession, 집착 없는 행동action without self-assertion, 지배 없는 발전development without domination!

만물을 이롭게 하면서도 자신은 결코 드러내거나 자랑하거나 군림하지 않는 자연처럼, 인간의 삶도 그러해야 하며, 정치의 방향도 그렇게 흘러야 한다고 노자는 이야기하고 있지요. 오늘은 흐르는 물을 보면서 노자의 상상력을 따라가보지 않으시렵니까? 노자의 물, 이소룡의 삶을 관통했던 물. 그리고 러셀에게도 영감을 준 물. 물로 보는 세상이 이처럼 찬란합니다.

조화로운 삶

허행

일산 지역에다 가까운 문우文友 네 명이서 텃밭농사를 짓고 있습니다. 한 3년 전부터 진행되어온 이 텃밭농사는 이제 제법 자리를 잡아가는 중이지요. 그중 막내격인 김한수 소설가는 이제 거의 도시 농업 전도사 역할을 하고 있지요. 올해는 아예 가좌동에 자신이 지을 밭을 100평 정도 따로 마련해 농사를 지으려고 합니다. 대단한 후배지요.

한수는 틈만 나면 농사 이야기를 합니다. 재작년에 시골에 밭을 얻어 농사를 지으면서 농촌의 붕괴와 고령화 현상을 직접 경험한 바 있기에 그 말의 절감성이 더욱 묻어납니다. 한수가 전망하기로는 이대로 가다가는 빠르면 10년 안에 농촌은 붕괴될 것이고, 만약에 현재와 같은 이상 기후가 계속될 경우 식량은 전쟁 무기처럼 사용될 가능성이 짙으며, 그럴 경우 식량자급률이 바닥을 치고 있는 우리나라는 엄청난 재난에 빠지게 될 것이라고 합니다.

2012년판 「농림수산식품 주요 통계」 자료를 확인해본 결과 우리나라의 식량자급률은 44.5퍼센트, 곡물자급률은 22.6퍼센트이더군요. OECD 국가 중 최하위입니다. 2009년 기아에 허덕이던 북한의 식량 자급률이 76.1퍼센트였다는 점을 고려해보면, 이상기후로 식량 전쟁이 일어날 경우 우리나라의 심각성을 그야말로 실감할 수 있습니다. 의식주 중에서 가장 긴급하고 절박한 것이 식食 문제라면 농사 문제는 이제 국가적 문제라 아니할 수 없겠어요.

전국시대에 허행許行이라는 사람이 등장해요. 이 사람의 이름이 처음으로 등장한 책은 『맹자』입니다. 맹자에 따르면 허행이라는 사람은 농사의 신인 신농神農씨의 가르침을 존중했다고 했는데, 후대에 이들 무리를 일컬어 농가農家라고 해요. 공자나 맹자가 요순임금을 사상의 기원으로 삼았듯이, 허행은 그보다 앞선 신화적 인물인 신농을 자신의 기원으로 삼아 정치를 펼쳤어요. 그가 초나라 사람이라는 것만 전해질 뿐 생몰연대조차 알려져 있지 않아요. 역사 속에서 사라져버린 인물이지요.

전국시대에 전란이 계속되자 농민에 대한 수탈이 이어지고, 그로써 농촌이 붕괴되는 현상이 자주 일어나지요. 그럴 때 민중의 지도자인 허행은 직접 농사를 지어 농사의 중요성을 강조하고, 정치에도 이를 적용하는 농업 중심의 사상을 펼쳐나갑니다. 그로써 많은 사람이 그의 모범적 실천을 따르게 되지요. 지주의 착취를 비판하고, 상인의 이윤 추구를 배척하는 허행의 급진적 사상은 급진성으로 많은 비판을 받게 되지요.

허행을 소개한 『맹자』는 허행을 예찬하는 것이 아니라 그의 급진성을 비판하고 무력화하기 위해서 그를 소개하고 있습니다. 길지만 인용해보 겠습니다.

신농씨가 말한 가르침을 실행하는 허행이라는 사람이 초나라로 부터 등藤나라에 가서 문 앞에 도달하여 문공에게 말하였다. "먼 곳 에서 사는 사람들이 임금께서 어진 정치를 하고 계신다는 말을 듣 고 집 한 채를 얻어서 백성이 되기를 원합니다." 문공은 그들에게 거치할 곳을 마련해주었다. 그 무리 수십 명은 모두가 베옷을 입고 짚신과 자리를 짜서 먹고살았다. 또 진량의 제자인 진상陳相이 그 아우인 신辛과 함께 괭이와 쟁기를 지고 송나라에서 등나라로 와서 말하였다. "임금님께서 성인의 정치를 하신다는 말을 들었습니다. 역시 성인입니다. 성인의 백성이 되기를 원합니다." 진상은 허행을 만나보고 크게 기뻐하여 여태까지 배운 것을 다 버리고 그에게서 배웠다. 진상은 맹자를 보고 허행이 말한 것을 전했다. "등나라의 임금은 진실로 현군입니다. 그러나 아직도 올바른 도를 알지 못하 고 있습니다. 현군은 백성과 더불어 나란히 농사지어서 먹으며, 아 침저녁을 손수 지어 먹으면서 정치를 하는 것입니다. 그러나 등나라에는 쌀 창고와 재물 창고가 있습니다. 그것은 백성을 괴롭혀서 자기를 살찌게 하는 것이니, 어찌 참된 현군이라고 할 수가 있겠습니까?"

_「맹자」

여기까지가 맹자가 소개하는 허행과 허행을 따르는 무리가 등나라에 오게 된 이야기이며, 허행의 사상에 감동을 받은 진상이 맹자를 만나 허행 사상을 소개하는 대목입니다. 위 대목으로 짐작해보면, 허행은 지도자 역시 백성과 더불어 직접 농사를 지으면서 정치를 하는 것이 바람직하며, 나라를 위해 재물을 축적하는 것은 백성을 탄압하고 지도자의 탐욕만을 위한 잘못된 행동이라고 비판합니다. 권력 제도에 대한 근원적 부정 의식을 갖고 있는 셈이지요.

이러한 이야기를 들은 맹자는 다음과 같이 반론합니다.

맹자가 말하였다.

"허행은 반드시 자기 양식을 손수 농사를 지어서 먹소?"

"그렇습니다."

"허행은 반드시 옷을 손수 만들어 입소?"

"아닙니다. 허행은 베옷을 입습니다."

"허행은 관을 쓰오?"

"씁니다."

"어떤 관을 쓰오?"

"흰 것을 씁니다."

"손수 그것을 짜오?"

"아닙니다. 곡식과 바꾸어옵니다."

"허행은 어찌하여 그것을 손수 짜지 않소?"

"농사짓기에 방해가 되기 때문입니다."

"허행은 솥과 시루로 밥을 짓고 쇠로 만든 쟁기로 농사를 짓소?"

"그렇습니다."

"자기 손수 그것을 만드오?"

"아닙니다. 곡식과 바꾸어옵니다."

"곡식을 주고 기구와 바꾸어오는 것은 질그릇 굽는 사람이나 대장장이를 괴롭히는 것이 아니오. 질그릇 굽는 사람과 대장장이가 또한 그들의 기구와 곡식을 바꿔오는 것이 어찌하여 농부를 괴롭히는 것이 되겠소? 허행은 어찌하여 질그릇을 굽고 쟁기를 만드는 일을 하지 않소? 모든 것을 자기 집안에서 하지 않고 귀찮게 백공들과 교역하오? 어찌하여 허행은 번거로운 것을 꺼리지 않소?"

"백공들의 일은 농사지으면서 함께할 수는 없는 것이기 때문입니다."

"그렇다면 천하를 다스리는 일은 농사지으면서 할 수 있다는 것이오? 대인大人이 할 일과 소인小人이 할 일이 따로 있소. 또 한 사람의 몸에는 백공이 만드는 물건이 모두 필요한 것인데, 만약 자기가 손수 만들어서 쓴다면, 이것은 천하 사람들을 길거리로 이끌어내어 분주하게 만드는 것이오. 그러기에 '어떤 사람은 마음을 쓰기도 하고 또 어떤 사람은 몸을 쓴다'라고 하는 것이오. 마음을 쓰는 사람(勞心者)은 남을 다스리고, 몸을 쓰는 사람(勞力者)은 남한테 다스림을 받지요. 남한테 다스림을 받는 사람은 남을 먹여주고, 남을 다스리는 사람은 남한테서 얻어먹는 것이 천하의 공통된 원칙이오."

_「맹자」

맹자로서는 허행의 사상은 말 그대로 허행虛行에 불과하다고 본 것이지요. 대인大人, 다스리는 자과 소인小人, 생업에 종사하는 자이 구분되고, 노심자勞心者, 정신노동자와 노력자勞力者, 육체노동자가 구분되는 것이 세상의 당연한 이치와 법도이며, 그것이 바른 세상의 질서인데, 허행 같은 사람은 그것조차 구분하지 못하면서 엉뚱한 주장을 하고, 그 스스로도 자신의 이론을 철저히 실천하지 못하고 있다고 따끔하게 비판하지요. 과연 맹자다운 말솜씨가 아닐 수 없습니다.

농가의 대표적 사상가 허행에 대한 비판은 여기에 그치지 않아요. 허행의 제자 진상陳相이 허행의 가르침에 따르면 "백성의 삶의 핵심을 이루는 시장 가격이 일정하게 되어 나라 전체에 속임수가 없어지며, 어린아이를 시장에 보내어 물건을 사더라도 사기를 치는 사람이 없게 된다"라고 말하지요. 그러면서 그 이유가 "베든 비단이든 길이가 같으면 값이 같고, 솜이든 명주실이든 무게가 같으면 값이 같으며, 곡물도 양이 같으면 값이 같고, 신발도 크기가 같으면 가격이 동일하게 취급되기 때문"이라고 해요. 물론 맹자는 이에 대해 그것은 야만적인 사고방식이고 천하를 어지럽히는 일이라고 비판합니다. 물건의 품질에 따라 가격이 달라지는 것이 자연스러운 시장 원리이지, 물건의 질도 따지지 않고 가격이 같다면 누가 더 좋은 물건을 만들려 하겠느냐고 질타해요. 반문명적 사기라는 거지요. 오늘날의 상식적 경제 원리를 따르더라도 맹자에게 자연스럽게 기울어지게 됩니다.

하지만 저는 이 대목에서 의문을 갖습니다. 정말 허행의 가르침이 맹자의 상식과도 같은 비판에 쓰러질 정도로 허술한 것이었을까? 그렇다면 허행을 따르는 수많은 지식인과 백성은 그 기본적인 논증조차 견뎌내지 못하는 수준 낮은 사상을 따르고 있었던 것일까? 그것이 아니라면 맹자를 중심으로 하는 기존 질서의 수호자들이 지나치게 단순화하고 왜곡한 것은 아닐까? 의문은 의문으로 남을 뿐 확인할 길이 없습니다. 역사는 허행을 비롯한 농가의 정치사상적 측면을 철저히 배제해왔고, 단순히 농업기술적 측면만을 남겨놓았기 때문입니다.

그럼에도 농가의 사상은 오랫동안 급진적 지식인들과 민중에게 사랑을 받았다는 사실을 역사서의 목차를 통해 간접적으로 확인할 수 있어요. 전한시대 역사서 『한서漢書』 「예문지藝文志」에는 제자백가 아홉 개 중 아홉 번째로 농가를 소개하고 있고, 『명사明史』 「예문지藝文志」에는 열두 개 중 세 번째로, 청나라 때의 『사고전서四庫全書』에는 열네 개 중 네 번째로 농가를 소개하고 있어요. 그러니까 역사 속에서 농가는 명맥을 계속해서 이어왔을 뿐만 아니라, 그 중요도도 결코 떨어지지 않았다는 상상이 얼마든지 가능하지요.

나는 맹자에게 고마워합니다. 『맹자』에는 맹자가 주인공이 되어, 무수히 많은 당대 사상가를 비판하지요. 고자告子와는 인성론을 놓고 싸우고, 묵자에게는 아비도 없고(無父)도 양주에게는 나라도 없는(無君) 놈이라고 비판하고, 허행에게는 야만인이며 오랑캐라고 비판해요. 하지만 역설적으로 보면, 맹자가 아니었던들 고자나 묵자, 양주나 허행 등 당대의 민중적 사상가들의 면모를 상상할 수 있었겠어요? 당대의 지배계급에게 위협이 되는 이러한 사상가들이 가장 잘 드러난 『맹자』를 통해 저는 맹자와는 다른 엉뚱한 상상력을 발휘할 수 있지요.

21세기는 다행히 민주주의가 외면당하지 않는 가치가 되었어요. 그러니까 독재자들도 겉으로는 함부로 민주주의를 반대하지는 못하지요. 민주주의의 가장 중요한 가치인 평등의 관점에서 보면 오늘날은 고자나 묵자, 양주뿐만 아니라 농가의 허행도 재조명될 수 있는 좋은 시기인 것 같아요. 철저히 민중의 편에 서서 농업을 바라보고, 지도자들에게 농업의 중요성을 강조하고, 시장경제의 왜곡상을 비판하고, 소비보다는 생산을 강조하는 허행의 견해는 오늘날 우리가 가장 긴요하게 복원해야할 사상이 아닐까요? 그래서 소설가인 김한수에게 전국시대에 활약한 허행과 같은 농가 이야기를 소설로 써보는 것이 어떨까 하고 은근히 바람을 넣어볼 작정입니다. 전국시대 사상의 블루칩인 농가를 소재로 멋진 소설이 나온다면 '대박'나지 않을까요?

　서양 현대사상가 중 허행과 유사한 생각을 한 이로 니어링Nearing 부부가 있습니다. 그들이 쓴 대표적 저술인 『조화로운 삶Living the Good Life』은 우리에게도 널리 알려졌는데요. 오늘날 도시 농업이나 귀농을 꿈꾸는 사람들에게는 고전과 같은 책이지요. 이들의 목소리에서 전국시대 허행의 문제의식을 고스란히 느낍니다. 전쟁의 와중에 피폐해가는 전국시대 민중의 삶과 자본주의의 모순 때문에 대공황을 겪게 되는 오늘날 인간의 삶이 결코 다르지 않기 때문이지요. 그 책에 나오는 한 대목을 인용하는 것으로 글을 마치려고요.

　　우리는 생산하지 않는 사람들이 이익과 불로소득을 축적하는 데 반대했다. 우리는 땀 흘려 먹고살고자 했다. 하지만 여가와 휴식을 갖는 즐거움은 빼놓을 수 없었다. 삶이 틀에 갇히고 강제되는 것 대신 삶이 존중되는 모습을 추구하고 싶었다. 잉여가 생겨 착취하는 일이 없이, 필요한 만큼만 이루어지는 경제를 원했다. 다양함과 복잡함, 혼란 따위 말고 단순함을 추구하고자 했다. 병처럼 미친 듯이 서두르고 속도를 내는 것에서 벗어나 평온한 속도로 나아가고 싶었다. 물음을 던지고, 곰곰이 생각하고, 깊이 들여다볼 시간이 필요

했다. 걱정과 두려움, 증오가 차지했던 자리에 평정과 뚜렷한 목표,
화해를 심고 싶었다.

_「조화로운 삶」

동양의
스토아철학

회남자

제국의 시대에 철학은 어떠한 모습일까요? 전체를 강조할까요, 아니면 개인을? 숙명론에 빠져들까요, 아니면 자유론에? 서양의 철학을 살펴보면 로마제국이 지배하던 헬레니즘시대의 철학은 크게 두 종류로 나뉩니다. 스토아철학과 에피구로스철학이지요.

개인보다는 전체를 강조하는 스토아철학은 노예부터 황제에 이르기까지 광범위한 영향력을 행사합니다. 노예 출신의 에픽테토스Epiktētos와 황제인 아우렐리우스Aurelius를 같은 철학의 자장에 묶을 수 있다는 것 자체가 흥미진진한 이 철학은 제국의 코스모폴리탄적 성격을 잘 반영하고 있습니다. 세계시민이라는 자부심을 그 밑바닥에 깔고 있는 스토아철학은 영원한 우주 질서와 불변적 가치의 근원을 강조하면서 우주론적 숙명론으로 우리를 이끕니다.

한편 전체보다는 개인을 강조하는 에피쿠로스철학은 운명론을 거부하면서 개인의 자유와 쾌락을 강조합니다. 그리고 자족함이야말로 자유에 이르는 지름길이라고 생각하면서 안빈낙도의 삶으로 우리를 이끕니다. 최인훈식으로 정리해보면 스토아철학은 광장의 철학이고, 에피쿠로스철학은 밀실의 철학인 셈입니다.

그렇다면 중국에서 제국의 시대에 철학은 어떤 모습이었을까요? 중국역사에서 제국의 시대에 해당하는 시기는 진나라 천하통일BC221부터 한나라에 멸망220에 해당하는 450여 년간입니다. 진나라는 워낙 단명하였기 때문에 주로 한나라에 주목해보면, 이 시기의 철학은 거대한 우주론과 역사와 인간을 통일적으로 이해하려는 경향을 강하게 띱니다. 서양의 제국철학과 비교해보면 주로 스토아적 경향이 강하게 나타난다고 볼수 있지요. 이 시기의 대표적 철학자가 바로 회남자와 동중서입니다. 우주의 질서와 인간 세상 질서의 동형성을 설정하고 그에 따라 제국의 영원성을 확보하려 했다는 점에서는 회남자와 동중서가 일치하지만, 회남자가 주로 노장철학을 근간으로 하여 무위의 정치를 주장한 반면, 동중서는 유교철학을 계승하면서 유위의 정치를 강조했다는 점에서 차이점을 찾을 수 있습니다.

이후 이들의 거대담론은 다양한 비판에 직면하게 되지만, 오늘날까지도 다양한 형태와 변형을 통해 계승되고 있습니다. 우주의 원리를 빌려

신체의 원리를 설명하는 의학서『황제내경黃帝內經』이 오늘날에도 한의학을 전공하는 사람에게는 전공 필수 서적으로 사용되고 있지요.

제국의 시대를 지나면서 중국 철학의 흐름은 불교 철학이 지배적인 사상으로 등장합니다. 서양과 대비해보면 에피쿠로스적 경향이 득세하게 되었다고 볼 수 있지요, 제국의 원리를 규명하려 하기보다는 개인의 내면 성찰과 구원 문제가 주로 부각되는 시기로 돌입한 거지요. 하지만 이 모든 역사를 한꺼번에 훑는 것은 지금으로서는 분에 넘치는 짓이니 글의 초점을 회남자로 모을까 합니다.

회남자淮南子, BC179~BC122는 본명이 유안劉安으로 한나라를 세운 고조 유방劉邦의 손자뻘쯤 되는 귀족이었습니다. 그래서 제후가 될 수 있었고, 그가 다스린 곳이 회수 남쪽이었기에 그를 회남왕이라 불렀지요. 그는 나라를 다스리는 일에도 열심이었지만, 학문적 관심도 남달라 당대의 다양한 사상을 집대성하여 백과사전적인 책을 내기도 합니다. 그 책의 이름 또한『회남자』입니다.

물론 이 책은 회남자 개인의 작품은 아닙니다. 한글이 세종대왕의 작품이 아닌 것과 마찬가지로 말입니다. 차라리 다양한 학자의 저술 모음집collection이라 할 수 있는 이 책은 유가, 묵가, 도가, 음양가陰陽家, 법가 등 다양한 학파의 사상이 담겨 있습니다. 그뿐만 아니라 영역도 방대하여 형이상학, 천문학을 비롯한 자연과학, 병법, 심지어 개인의 처세술까지 다루고 있지요. 이 중에서 회남자의 마음을 끈 것은 도가철학이었습니다.

특히 노자의 무위無爲정치사상은 그의 정치적 태도를 대변하는 핵심적인 것입니다. 회남자는 거대한 제국인 진나라가 망한 것이 중앙집중적 권력이 황제 개인의 사적 권력으로 변질되었기 때문이라고 생각했습니다. "절대권력은 절대로 부패한다"라는 정치적 지혜를 회남자는 일찍이 간파한 것이지요. 그래서 그는 중앙집권보다는 지방분권을 자신의 정치적 소신으로 여기게 되었고, 그러한 회남자의 사상을 한마디로 표현한 것이 노자의 '무위정치'였던 셈이지요.

회남자가 말하는 무위정치란 무엇일까요?

> 내가 말하는 무위란 사사로운 의지로써 객관적인 법칙에 끼어들려 하지 않고, 욕망이 올바르게 충족되는 것을 방해하지 않으며, 이치에 입각해서 일을 처리하고, 자질에 따라 공을 세우며, 자연의 추세를 밀고 나가서 조금의 사사로움도 용납하지 않는 것이다. 그러므로 일이 이루어지지만 자신은 이것을 자랑하지 않고, 공이 세워지지만 그 명성을 소유하지 않는다.
>
> _『회남자淮南子』

마치 봄, 여름, 가을, 겨울이 자연스럽게 순환되듯이, 강물이 자연스럽게 흘러 바다에 이르듯이 자연의 법칙을 거스르지 않는 정치! 태양이 온갖 생명에게 자신의 햇빛을 주지만 자랑하거나 그 공을 취하려 하지 않는 것처럼 그렇게 행해지는 정치! 사리사욕을 채우기 위하여 공적 영향력을 이용하지 않는 정치! 그래서 다스리는 것 같지 않지만 자연스럽게 다스려지는 정치를 회남자는 주장한 거지요.

회남자에게 짙게 드리운 노자의 그림자는 노자『도덕경』 2장에서 확인할 수 있습니다.

> 성인은 무위無爲로써 일을 처리하고,
> 말로 하지 않는 가르침을 수행합니다.
> 모든 일이 생겨나도 마다하지 않고,
> 모든 것을 이루나 가지려 하지 않고,
> 할 것을 다 이루나 거기에 기대려 하지 않고,
> 공을 쌓으나 그 공을 주장하지 않습니다.
>
> _『도덕경』

회남자가 주장하는 무위정치는 그가 이야기하는 유기체적 우주론과 밀접한 관련이 있습니다. 우주가 인간에게 영향을 미치듯이, 인간—특히 군주의 경우—도 온갖 만물에 영향을 미칠 수 있다고 보았던 게지요.

군주의 잘못된 정치는 위로 하늘에 통한다. 그러므로 군주가 잔혹하게 정치를 하면 사나운 바람이 많아지고, 군주가 법령을 잘못 시행하면 해충이 많이 생기며, 군주가 죄 없는 사람을 죽이면 국가에 커다란 가뭄이 들고, 군주가 때에 맞게 정책을 실시하지 않으면 비가 심하게 내린다.

『회남자』

천재天災와 인재人災를 이처럼 연관된 것으로 파악했다는 점에서 원시적이라고 생각할지 모르지만, 하늘의 이치를 알려는 천문적 지식을 이렇듯 정치적 행위에 적용한 것은 군주의 전횡에 대한 견제 역할을 수행하기 위한 것이라 볼 수도 있습니다. 그리고 이러한 진술은 인간 탐욕의 결과로 자연이 파괴되고, 지구 기온이 계속해서 상승함으로써 결국 인간의 삶마저 위험에 빠뜨리게 되는 현재적 상황을 놓고 보면 능히 수긍할 수 있을 것입니다.

회남자는 심지어 4계절을 음양오행에 따라 12시기로 나누고, 시기별로 군주가 행해야 할 일들을 열거하기도 합니다. 예를 들어 1월에는 백성을 공역에 동원하지 않으며, 3월에는 창고를 열어 빈민을 구제하고, 6월에는 군대를 일으켜 전쟁을 행하지 말아야 한다고 말합니다. 시기별로 잘 생각해보면 수긍이 가는 정책입니다. 1월에 공역에 동원하면 언 땅에 노동을 해야 하는 백성의 고통이 배가될 것이고, 3월이면 춘궁기에 해당하는 시기이므로 백성을 먹여 보살피는 일이 국가 중대사이며, 6월은 농사일이 한창일 때인데 전쟁을 치르면 한 해 농사를 망치게 되는 거지요. 적절한 시기에 적절한 정책을 실천하는 것이 정치의 핵심이라면 회남자는 바로『중용中庸』에서 말하는 시중時中의 정치가라 할 수 있습니다.

문제는 이러한 회남자의 정치사상이 중앙집권을 강화하려는 권력층에게는 위협이 될 수도 있다는 사실입니다. 특히 회남자의 영향력이 커지면 커질수록 회남자는 위험한 인물로 낙인찍히게 되는 것이지요. 결국 회남자의 정치사상은 권력 간 쟁투 형태를 띠게 되었고, 회남자는 한나라 무제의 강력한 중앙집권 정책에 반기를 들고 반란을 도모하다가 실패하여 자결하게 됩니다.

『회남자』에는 변방의 늙은이 이야기가 나옵니다. 이른바 새옹지마塞翁之馬라는 한자성어로 널리 알려진 이 이야기는 인간의 행, 불행은 알 수 없는 것이니 일희일비一喜一悲하지 말라는 지혜를 담고 있는데, 이 고사가 회남사에 담담한 최후를 맞이하게 하는 힘이 되었을지 모르겠습니다. 그도 아니라면, 스토아철학자로 유명한 세네카Lucius Annaeus Seneca의 다음 말은 어떻습니까?

죽음은 노예를 자유롭게 만들고 국외 추방자를 조국의 품으로 돌아오게 하며, 모든 계급을 평등하게 만들어버린다. 만일 죽음이 없다면 삶은 고통뿐이다. 폭군, 포악, 폭행을 목격할 적마다 나로서

는 죽음이 얼마나 위로가 되는지 모른다. 만신창이가 된 삶에 대한
유일한 영약靈藥은 바로 죽음이다.

_「호모 에티쿠스」

상황은 많이 다르겠지만 오늘날 우리 역시 제국의 시대를 살고 있습니다. 세계 자본의 흐름 속에서 우승 열패의 신화를 꿈꾸며 하루하루 위태로운 목숨을 연명하고 있지요. 오늘날 회남자가 살아온다면 무슨 이야기를 우리에게 해줄까요?

"관이나 신발을 귀중하게 여기느라 머리와 발은 잊어버렸다"라고 말하며 정작 중요한 것을 잃어버리고 살아가는 우리에게 따끔한 일침을 놓을까요?

"그물 눈 하나만으로는 새를 잡을 수 없다"라며 연대와 단결의 중요성을 외칠까요?

"나라를 다스리는 것은 마치 농부가 밭에 김을 매는 것과 같다"라며 부정부패 근절을 강조할까요?

"강에 이르러 물고기를 부러워하는 것보다 돌아와서 그물을 만드는 것이 낫다"라며 하루하루의 생활 정치를 실현하기를 강변할까요?

비운의 사상가 회남자의 소리에 귀 기울이고 싶은 하루입니다.

우연의
긍정

왕충

"우리 만남은 우연이 아니야"로 시작하는 노사연의 〈만남〉이라는 노래가 있습니다. 남녀의 만남을 필연으로 여기면서 사랑의 영원성을 확보하려는 낭만적인 표현이지요. 그러나 이처럼 감상적 차원을 떠나 철학적 차원으로 옮겨가면 사태는 사뭇 심각해집니다. 이 세상에서 일어나는 일들이 모두 필연에 따른 것일까요? 아니면 우연이 개입한 걸까요? 우리가 우연이라고 생각하는 것도 우리의 무지로 인한 착각일 뿐, 수많은 원인을 모두 계산할 수만 있다면 어떠한 결과가 나타날지 알 수 있지 않을까요? 앞의 질문이 존재론과 관련된 것이라면, 뒤의 질문은 인식론과 관련된 것이지요. 하하하, 벌써 머리가 아프지요?

그러면 살살 가볼까요? 한대 사상가 동중서를 기억하시죠? 하늘의 원리와 사람의 원리는 서로 상응한다는 '천인감응설天人感應說'과 군주가 하늘의 뜻에 따르지 않는다면 하늘이 그에게 재앙과 같은 경고를 준다는 '재이설'을 주장한 사람이지요. 유학을 국교화하는 데 지대한 공도 세우지만, 유교를 종교 이데올로기로 만들었다는 비판도 받았습니다. 하늘을 인격적 존재로 여겼기 때문이지요. 하늘이 인간의 잘못에 반드시 벌을 준다는 종교적 진술은 하늘에게 필연적 의지를 부여한 셈인데요. 그런 점에서 본다면 동중서는 필연의 철학자라 말할 수 있습니다. 하지만 이러한 동중서의 사상은 200여 년 후 철학자 왕충에게 전면적으로 비판받습니다. 왕충의 글을 읽어볼까요.

재이災異를 논하는 자들은 이렇게 말한다. 즉 재이가 생긴다는 것은 군주가 정치로 하늘을 움직이고, 하늘은 기氣를 움직여 이에 응한다는 것이다. (…) 이것은 의심스러운 것이다. 대체로 하늘이 개별자를 움직일 수 있으나, 개별자가 하늘을 움직일 수 있을까? (…) 인간이 하늘과 땅 사이에 있는 것은 마치 벼룩이 옷 속에 있는 것과 같고, 개미가 굴 속에 있는 것과 같은 것이다.

_『논형論衡』

전체집합이 부분집합을 포함할 수는 있으나 부분집합이 전체집합을 포함할 수 없는 것처럼, 왕충은 개별자인 인간이 하늘을 움직일 수 없다고 생각한 것이지요. 이러한 왕충의 견해는 왕충만 이야기한 독창적인 것은 아니었습니다. 노자는 '천지불인'이라 하여 하늘의 원리는 인간의 도덕과는 아무런 상관이 없다고 이야기했으며, 유학자 중에서도 순자는 "기우제를 지내면 비가 오는 것은 어째서인가? 그것은 아무것도 아니다. 기우제를 지내지 않는다 해도 비는 온다. 일식과 월식이 일어나면 그 재난을 막는 의식을 행하고, 가뭄이 들면 기우제를 지내며, 점을 쳐본 뒤에야 큰 일을 결정하는데, 그렇게 함으로써 바라는 것이 얻어진 것이라고 여기는 것이 아니라, 형식을 갖추어 위안을 얻는 것이다"라고 말함으로써 군주의 행위와 하늘의 운행은 아무런 상관이 없음을 피력하였습니다. 그러니까 왕충의 사상은 노자에서 순자로 이어지는 자연주의적 사상의 연속성에 있다고 볼 수 있어요.

왕충王充, 30?~100?은 지금의 저장성 출신으로 가난한 집안에서 태어났으나 어려서부터 총명하여 여덟 살 때부터 『논어』를 줄줄 외웠다고 하네요. 15세가 돼서는 뤄양洛陽으로 가서 유학의 경전을 체계적으로 연구합니다. 하지만 출신이 빈한하고 사상이 과격하여 중용받지 못하고 불우한 삶을 삽니다.

비록 그의 삶은 빈곤했고, 살아 있을 때에 별로 인정받지 못했지만, 후한 말기에 비로소 주목을 받고 비판적 유학자로 이름이 알려집니다. 그의 대표적 저술이 바로 『논형論衡』이지요. 뜻을 굳이 풀이하면, '기존의 지식을 저울에 재본다'는 거지요. 기존 유학의 주관적이고 신비적이며 종교적인 입장을 비판하고, 객관적이고 현실적이며 자연주의적인 입장을 견지하는 것이 『논형』의 특징입니다. 그는 『논형』의 「서문」에 이렇게 써놓기도 했습니다. "세상에 유행하는 저서나 학술에 만족하지 않고, 아무도 없는 곳에 홀로 앉아 진실됨과 허망함을 고찰하여 논하려고 하였다."

왕충은 책만 읽는 책벌레가 아니라 주변을 면밀히 관찰하고 그것을 자신이 저술한 것의 근거로 이용했습니다. 다음의 글을 볼까요.

땅강아지와 개미가 땅 위를 기어갈 때 사람이 밟고 지나간다. 발에 밟힌 땅강아지와 개미는 눌려 죽고, 발에 밟히지 않은 땅강아지와 개미는 다치지 않고 온전히 살아남는다. 들풀에 불이 붙었을 때 마차가 지난 곳은 불이 붙지 않는다. 그래서 사람은 그것을 좋아하여 '행운의 풀'이라고 부르기도 한다. 하지만 발에 밟히지 않은 것, 불길이 닿지 않은 것이라고 반드시 좋은 것은 아니다. 우연히 그렇게 된 것일 뿐.

_「논형」

거리에서 죽은 개미를 보면서, "이 개미는 무슨 잘못이 있어서 죽은 것일까? 아니면 자신도 예상하지 못했던 불행이 닥쳐와 그런 것일까? 불행이니 다행이니 하는 것들이 있기나 한 것일까? 그저 우연의 산물이 아닐까?" 이런 생각을 골똘히 하는 왕충의 모습이 눈에 선하게 들어오지 않나요?

만약에 왕충의 사고가 여기에서 멈췄다면 그것은 단지 호기심의 발로일 뿐 철학이라 할 수 없습니다. 왕충의 사고는 더욱더 확장됩니다. 그는 자연현상뿐만 아니라 인간현상도 우연일 뿐이라고 보았습니다.

> 유학자들은 천지가 의도를 가지고(故) 인간을 낳았다고 하지만 이 말은 허랑하다. 천지가 기를 합할 때 인간은 우연히(偶) 생겨난 것일 뿐이다. 그것은 부부가 기를 합할 때 자녀가 우연히 생겨는 것과 마찬가지다. 이것은 부부가 기를 합하는 것은 당시 자녀를 얻기 위해서가 아니라 성욕이 발동했기 때문이며, 합한 결과로 자녀를 낳은 것일 뿐이다. 부부는 의도하지 않았으나 자식을 얻은 것처럼, 천지도 의도하지 않았으나 인간이 생겨난 것이다. 이와 마찬가지로 만물을 낳은 것 역시 의도가 없었던 것이다. 천지가 기를 합하면 만물은 우연히 저절로 생겨날 뿐이다.
>
> _「논형」

자식을 낳고 싶어도 못 낳은 사람이나 낳고 싶지 않은데도 낳은 사람이나 자식 낳음은 우발적인 사건에 불과하다고 말하는 왕충의 발언이 냉정한가요? 필연의 세계가 지배적일 때, 그 속에서 우연을 주장하는 것은 쉽지 않은 일이겠지요. 그렇게 보면, 높은 신분으로 태어나는 것이나 천한 신분으로 태어나는 것 역시 우연일 뿐 거기에 하늘의 뜻을 붙이는 사고는 하늘의 뜻을 오히려 왜곡한 것이라 볼 수 있습니다. 아니, 차라리 하늘의 뜻이란 없다고 말하는 것이 더 솔직한 것이라 할 수 있지요. 이러한 우연의 강조는 지배계급이 가지는 권위와 체제에 대한 비판으로 자연스럽게 이어질 게 분명합니다. 결국 왕충은 반체제인사인 셈이지요.

좀 더 가볼까요?

사람의 품성은 어질 수도 있고 어리석을 수도 있다. 그렇지만 그 사람이 화와 복을 만나는 것은 우연적인 것이다. 일을 시행할 때 옳을 수도 있고 그를 수도 있다. 그렇지만 그 일에 대한 상과 벌은 우연적인 것이다. 적을 만나 살 수도 있고 죽을 수도 있다. 서리를 맞아도 해를 입을 수도 있고 아닐 수도 있다. 복과 상을 받고 해를 입지 않고 생존하는 것이나, 화와 벌을 받고 해를 입으며 죽는 것이나 무엇이 좋고 나쁘다고 말할 수 없다. 모두가 우연의 산물이기 때문이다. 왕에게 충성을 다해도 죽음을 당하는 신하가 있는가 하면, 상을 받는 신하가 있다. 이득을 보기 위해 장사해도 어떤 이는 신뢰를 받고 어떤 이는 의심을 받게 된다. 무엇이 거짓이고 무엇이 참인가? 이 모든 것이 우연인 것을.

_「논형」

자신의 빈한한 출신과 처지 때문에 변변한 벼슬조차 하지 못한 왕충의 넋두리일까요? 왕충은 필연의 제국에서 우연의 세계를 발견한 드문 철학자였습니다. 왕충에 이르러서야 중국 철학은 '필연(故)과 우연(偶)'이라는 철학적 범주를 본격적으로 다룰 수 있게 되었지요. 왕충은 '우연'이라는 무기로 당대의 지배적인 필연의 철학을 비판하는 데 전력을 다합니다. 물론 이러한 왕충의 공격은 세력으로는 미미한 것이었지만, 이론으로는 결정적 타격을 입히기에 충분한 것이었습니다. 작은 구멍 하나가 댐을 무너뜨리듯, 필연의 세계로 유학을 종교화한 시도는 결국 무너지게 될 운명에 처하게 되지요.

우연성을 강조한 왕충의 논의는 서양에서도 다양한 형태로 제기되는 수제이기도 합니다. 로마제국시기의 철학사 에피구로스Epicurus가 대표적으로 우연성을 강조한 철학자라 할 수 있습니다. 왕충의 논의와 공명하는 대목 몇 개를 인용해볼까요.

> 필연적인 것은 나쁜 것이다. 그러나 다행히도 필연성 안에 갇혀
> 살아야 할 필연성은 존재하지 않는다.
>
> 「호모 에티쿠스」

> 지극히 행복한 불멸의 존재인 신은 괴로움을 지니지 않으며 다
> 른 이에게 괴로움을 주지도 않는다. 그렇기 때문에 신은 분노도 호

의도 알지 못한다. 분노나 호의는 약한 존재들에게나 있는 것이다.

_「호모 에티쿠스」

왕충보다 약 300년 전에 살았던 서양철학자의 진술에서 왕충의 논의와 유사한 것을 발견하는 일은 흥미로울뿐더러 심지어 전율을 느끼게 합니다. 정신사의 유사성이라고나 할까요? '죽음'을 이야기하는 대목 또한 흥미롭습니다. 한 번 비교해보시지요.

세상 사람들은 사람이 죽으면 귀신이 되는데, 귀신은 지각을 가지고 있기 때문에 사람들을 해친다고 말한다. 그러나 개별자의 범주로 한 번 살펴보면 죽은 사람은 귀신이 되지 않고 또한 지각이 없어서 사람을 해칠 수 없다. 이를 어떻게 증명할까? 개별자의 종류로 증명할 수 있다. 개별자의 차원에서 보면 사람도 동물도 모두 개별자이다. 동물은 죽어서 귀신이 되지 않는데, 어찌 사람만이 죽어서 귀신이 될 수 있다는 말인가?

_「논형」

죽음은 아무것도 아니다. 왜냐하면 죽음이 찾아오면 아무런 감각도 없어지기 때문이다. 그리고 아무 감각도 없으면 죽음에 대해 걱정할 필요가 없다. (…) 그러므로 모든 불행 중에 가장 끔찍한 불행인 죽음은 우리에게 아무것도 아니다. 우리가 존재하는 한 죽음은 존재하지 않으며, 죽음이 존재하면 우리는 더 존재하지 않는다. 따라서 죽음은 산 자에게도 죽은 자에게도 아무 연관이 없다. 산 자에게는 죽음이 없으며, 죽은 자는 더 존재하지 않기 때문이다.

_에피쿠로스

서양철학적으로 말하면 동중서의 '필연의 철학'이 서양의 고대 플라톤철학과 중세사상과 친연성을 갖는다면, 왕충의 '우연의 철학'은 모더니즘적 경향과 포스트모더니즘적 경향이 혼재한다고 볼 수 있습니다. 플라톤철학과 중세철학이 절대 왕국을 세우고 그 질서 속에 모든 것을 편입시키기 위해 '필연'을 도입했다면, 모더니즘은 경험과 이성을 중시하고, 포스트모더니즘은 필연과 절대를 의심하고 우연과 상대를 화두로 삼았으니까요. 왕충이 자신의 주변에서 일어난 일을 자세히 관찰하고 숙고했다는 점에서는 모더니즘적이고, 우연을 통해서 그러한 현상을 설명했다는 점에서는 포스트모더니즘적이라고 말할 수 있지 않을까요. 물론 이러한 구분법은 지극히 작위적인 것이라 강변할 근거는 되지 못하지만 편의상 그렇게 구분해본 것입니다.

필연의 철학은 종교와 맞닿아 있습니다. 또한 그것은 법칙과 질서를 중요시한다는 점에서 정치적으로는 보수주의가 될 확률이 높습니다. 강한 신념을 가지고 있기에 다른 의견을 수용할 여지가 부족하고, 다른 의견을 수용한다 하더라도 자신의 틀 안에서만 이해하려는 폐쇄적 사고의 경향이 강합니다. 그러나 우연의 철학은 세속적입니다. 또한 그것은 법칙과 질서를 의심하기에 정치적으로는 진보주의가 될 확률이 높습니다. 우연을 받아들이기에 다양한 의견을 수용할 수 있고, 그 우연적 요소를 자신의 삶으로 기꺼이 받아들인다는 점에서 개방적 사고의 경향이 강합니다. 왕충을 현대에 다시 읽어야 하는 이유가 이 정도면 충분하지 않나요?

뿌리와 가지의 사유

왕필

주밀농장을 하고 있습니다. 100킬로그램이 훨씬 넘는 거구를 이끌고 땅을 파서 개간하고 풀을 뽑고 씨 뿌리고 물 주고 하는 동작은 저에게는 그리 쉬운 일이 아닙니다. 몇 시간 일하지 않았는데도 허리가 끊어질 듯하고 팔다리가 저려옵니다. 불량 체력이 여실히 드러나는 순간입니다. 소주잔을 들어 목으로 넘기기에는 전혀 무리가 없던 팔이, 자판을 두드릴 때에는 의식조차 하지 못했던 손가락이 모두 아우아우 아우성을 칩니다.

일을 하며 '차라리 사먹고 말지'를 속으로 수없이 되뇌었지만, 일을 포기하지 못하는 이유는 저 역시 경작의 기쁨을 알기 때문입니다. 제가 심은 상추며 고추며 깻잎 등을 한 해 내내 맛있게 따먹은 기억이 지금도 생생합니다. 그때 먹은 채소들은 마트에서 깨끗하게 포장되어 나온 것들과는 판이한, 강력한 향기와 야생의 식감이 살아 있었습니다.

올해도 거름을 듬뿍 준 밭에 청상추며 백상추, 치커리, 겨자채 등의 씨앗을 심었습니다. 지금은 좁쌀보다 작은 이 씨앗에서 뿌리가 뻗고 싹이 나서 얼마 후면 푸른 머리를 하늘 향해 힘차게 뻗을 겁니다. 그 강인한 생명력으로 10평 남짓한 밭을 초록으로 뒤덮을 것입니다. 그 보들보들하고 상큼하고 톡 쏘고 아삭아삭한 채소를 생각하면 웃음이 절로 나옵니다.

저는 씨앗을 심으며 군침이나 흘립니다만, 동서양의 철학자들은 그러한 생명 현상을 통해 자신의 철학적 사상을 정립하기도 합니다. 서양의 철학자 아리스토텔레스Aristoteles는 도토리 한 알 속에는 이미 도토리나무가 들어 있다고 생각했습니다. 그는 나무가 변화하는 과정을 살펴보면서 다음과 같은 질문을 던집니다. 나무는 무엇인가? 나무는 무엇으로 만들어지는가? 나무는 무엇에 의해 만들어지는가? 나무는 어떤 목적으로 만들어지는가? 사물의 변화를 이렇게 네 가지 질문을 통해 성찰하면서 그는 형상인, 질료인, 작용인, 목적인 등의 개념으로 정교화합니다. 결국 도토리나무가 되려면 애당초 도토리나무라는 목적이 있어야 하고, 그러한 목적을 향하여 여러 질료가 도토리나무의 형상을 가지고 작용해야한다고 생각했지요. 그러니까 아리스토텔레스는 도토리나무의 성장을 지켜보면서, 만물 속에는 목적을 향해 나아가려는 역동적인 힘이 존재한다는 결론에 도달한 것입니다. 이후 서양철학을 지배한 목적론적 사유가 여기에서 출발했습니다.

초등학교 4학년 때 교과서는 '국기에 대한 맹세'와 '국민교육헌장'이라는 것이 맨 앞장을 차지하고 있었습니다. 이를 암기하지 못하면 집에도 보내주지 않아 교실에 남아 곤욕을 치러야 했지요. 그 치가 떨리는 국민교육헌장의 첫 문장은 이렇게 시작됩니다. "우리는 민족중흥의 역사적 사명을 띠고 이 땅에 태어났다." 아직 이성이 깨어 있지도 않은, 그저 노는 것이 좋기만 한 어린아이에게 나라는 '민족중흥'을 태어남의 목적으로 삼으라고 강요한 것입니다. 목적론적 사유는 이처럼 도처에 있습니다. 기독교 교리문답에는 우리는 "하느님께 영광을 돌리기 위해서 살아야 한다"고 못 박고 있습니다. 그보다 더 아들아들한 복음송가에는 "당신은 사랑받기 위해 태어난 사람"이라고 유혹합니다. 형태와 강도가 어찌되었든 이 역시 목적론적 사유입니다. 이 목적론적 사유가 삶에 동기와 의미를 부여할 수도 있지만, 역으로 생각해보면 자유를 박탈히고 삶을 박제剝製하려는 폭력적 결과를 초래할 수도 있습니다.

중국에도 나무를 가지고 사유한 철학자가 있습니다. 중국 삼국시대 위나라 사람 왕필王弼, 226~249입니다. 생몰연대를 보면 알겠지만 그는 스물넷에 전염병으로 요절했지요. 지금으로 치면 대학교를 졸업한 새파랗게 젊은 나이쯤에 죽고 말았지만, 그는 10여 권에 달하는 저서를 남긴 대학자이기도 합니다. 특히 중국 철학에서 가장 어렵다고 알려진 『노자』와 『주역周易』에 주석서를 쓴 것으로 유명합니다. 그리고 『노자주老子注』와 『주역주周易注』는 지금까지도 가장 권위 있는 주석서로 인정받고 있으니 그의 천재성을 가히 짐작할 수 있겠지요.

그의 천재성이 빛나는 부분은 그 어려운 책들을 일이관지一以貫之, 하나의 구조로 꿰뚫었다는 데 있습니다. 통상 주석은 원문보다 자세하고 정밀해야 하기 때문에 그 길이가 길어지게 마련입니다. 그런데 왕필은 『노자』에 주석을 달 때 원문의 글자수와 비슷한 분량 정도로만 주석을 달았습니다. 이 과감한 행위는 후대 학자들에게서 어느 것이 원문이고 어느 것이 주석인지 모를 정도라는 평가를 받았지요. 무식하면 용감해 진다는 말은 있지만, 왕필은 유식하여 용감해진 경우입니다.

더 놀라운 것은 그가 『노자주』를 완성한 것이 18세 때이고, 『주역주』를 완성한 것이 24세 때라는 점입니다. 지금으로 치면 고등학교를 갓 졸업한 나이에 『노자』를, 대학교를 갓 졸업한 나이에 『주역』을 꿰뚫어보았다는 거지요. 일찍이 음악의 신동이니 천재니 하는 소리는 들어봤지만, 그리고 어린 나이에 사서삼경을 줄줄 외웠다는 이야기는 들어봤지만, 그에 대한 권위 있는 주석서를 썼다는 말은 과문한 탓인지 동서고금을 막론하고 처음 접한 이야깁니다.

통상적으로 왕필의 사상을 본말론本末論이라고 합니다. '뿌리와 가지의 이론'이라고 풀어볼 수 있겠네요. 한자로 살펴보면 본本자는 나무 목

木자 아래 일一자가 그어져 있습니다. 뿌리를 뜻하지요. 근본根本이라는 말을 보면 쉽게 이해할 것입니다. 한편 말末자는 나무 목木자 위에 일一자가 그어져 있습니다. 가지를 뜻합니다. 왕필은『노자』에 주석을 달면서 이 본말론을 이용합니다. 우선『노자』40장을 볼까요.

> 되돌아가는 것이 도의 움직임이고
> 유약한 것이 도의 쓰임이다.
> 천하만물은 있음에서 생겨나고
> 있음은 없음에서 생겨난다.
>
> 弱者, 道之用, 反者, 道之動
> 天下萬物生於有　有生於無
>
> _『노자』

이에 대해 왕필은 다음과 같이 주석합니다.

> 높음은 낮음을 토대로 삼고, 귀한 것은 천한 것을 뿌리로 삼는다. 있음은 없음을 쓰임으로 삼으니, 이것이 '되돌아간다'는 뜻이다. (…) 천하만물은 모두 있음에서 생겨났지만 있음은 없음을 뿌리로 삼아 시작되므로, 장차 온전히 있으려면 반드시 없음으로 되돌아가야 한다.
>
> 高以下爲基, 貴以賤爲本, 有以無爲用, 此其反也. (…) 天下之物, 皆以有爲生.

有之所始, 以無爲本, 將欲全有, 必反於無也.

_『노자주老子注』

노자의 '있음/없음'이라는 형이상학적 개념을 설명하기 위해 왕필이 선택한 구체적 이미지가 '뿌리'입니다. 마치 나뭇가지가 자라고 나뭇잎이 무성해지고 열매를 맺고 하는 눈에 보이는(有) 다양한 현상은 결국 눈에는 보이지 않지만(無) 그 뿌리에서 시작되는 것이니, 눈에 보이는 개별 현상(有)에서 눈을 돌려 눈에 보이지 않는 근본(無), 즉 뿌리(本)를 성찰하라는 이야기이지요. 있음과 없음에 대한 이러한 왕필의 주석은 '가지와 뿌리'뿐만 아니라 '어미와 자식' 등의 친근한 사례를 통하여 다양하게 풀이됩니다.

왕필은 『노자』를 주석한 후에 「노자지략집일老子指略輯佚」이라는 글로 자신의 생각을 집중 요약하고 있습니다. 그중에 한 대목을 볼까요.

『노자』를 변론한 뜻은 (…) 뿌리를 높여서 가지를 쉬게 하고, 어미를 지킴으로써 자식을 보존하며, 저 교묘한 꾀를 낮추고 일이 드러나기 전에 미리 하며, 다른 사람을 책망하지 않고 필히 자기로부터 구하는 것이 그 전체의 요지이다. (…) 『노자』의 글은 한마디로 요약할 수 있다. 아! 근본(本)을 높이고 말단(末)을 그치게 하는 것일 뿐이니! 그 시작을 관찰하고 귀결을 살피면 말은 핵심에서 멀지 않고, 일은 중심을 놓치지 않는다.

_「노자지략집일老子指略輯佚」

왕필이 살았던 시대는 삼국시대입니다. 우리가 알고 있는『삼국지三國志』의 시대 말입니다. 유비, 관우, 장비를 비롯하여 조조, 손권 등이 활약했던 시대. 전쟁의 시대. 혼란의 시대. 이러한 시대에는 이전의 사상을 비판하고, 새로운 사상을 정립하려는 흐름이 생겨납니다. 왕필은 조조의 양자인 하안何晏의 눈에 들어 사랑을 받습니다. 어린 나이에 총명하고 발랄한 모습이 귀여웠나봅니다. 왕필의 집안은 대대로 역학에 조예가 깊었습니다. 그 덕분에 왕필은 어렸을 때부터 늘 유명한 사상가들과 정치가들을 만날 수 있었지요. 또한 그의 집 안은 만 권 서적이 쌓여 있었다고 하니 왕필의 천재성이 그냥 생긴 것은 아니었구나 싶습니다. 하지만 왕필의 집안은 정치적 격변기에 모반사건에 연루되어 재난을 겪기도 합니다. 일찍이 왕필이 정치권과는 거리를 두고 학문에 열중했던 것도 이런 이유는 아니었을까요?

왕필은 당시 유행하던 법가, 유가, 묵가, 잡가 등의 사상을 '근본을 버리고 말단을 추구하는 것'이라고 비판했습니다. 그가 보기에는 현실에 대한 이러저러한 처방만으로는 현실을 근본적으로 바꿀 수 없었습니다. 어머니를 버리고 자식을 사용하는(棄母用子) 어리석음이라고 할까요? 그가 근본적 반성과 성찰로 사용한 도구가 바로『노자』와『주역』이었지요. 현상 속에 감추어진 존재의 원리를 탐구하려 했던 야심찬 기획의 결과가 『노자주』와 『주역주』에 담겨 있습니다.

그러면 왕필이 추구하는 이상적 사회는 어떤 사회였을까요?

> 대개 많음으로는 적음을 다스릴 수 없고, 다스릴 수 있는 많은 것
> 은 절대적으로 작은 것이다. 대개 움직임은 움직임을 통제할 수 없
> 으니, 천하의 모든 움직임을 통제할 수 있는 것은 저 하나(一)를 체
> 득하고 있는 자이다. 그러므로 많음이 모두 함께 존재할 수 있기 위
> 해서는 군주는 반드시 하나를 달성해야 한다.
>
> _『주역약례周易略例』

위 글을 보면 '많음/적음', '움직임/움직이지 않음(一)'이 대비되고 있음
을 알 수 있습니다. 아리스토텔레스가 '부동의 동자the Unmoved Mover'의
개념으로 신神을 설명하듯이 왕필은 하나(一)의 원리로 움직임을 설명합
니다. 그리고 아리스토텔레스가 알렉산드로스 제국의 이념을 보이지 않
게 세워주었듯이, 왕필은 군주의 이념을 세웁니다. '하나를 달성한 군주'!
이제 군주는 이 '하나'라는 목표를 향해 달려가야 함과 동시에 스스로 하
나가 되어야 합니다.

물론 이때 군주는 흉폭하고 제멋대로 권력을 행사하는 군주가 아닙니
다. 그보다는 더 고결하고 높은 이상을 가지고 있는 군주이지요. 마치 식
물을 기르는 뿌리와 같이, 자식을 기르는 어머니와 같이, 보이는 곳에서

가 아니라 보이지 않는 곳에서, 나서지 않고 자신을 감추면서 통치하는 군주라고나 할까요? 이러한 군주의 통치는 노자의 무위사상과 맞닿아 있습니다. 노자도 이렇게 말했지요.

> 가장 훌륭한 지도자는 그 있음조차 모르게 하는 지도자,
>
> 그다음은 사람들이 가까이하고 칭찬하는 지도자,
>
> 그다음은 사람들이 두려워하는 지도자,
>
> 제일 하치는 사람들이 업신여기는 지도자.
>
> _「노자」

우리네 통치자는 어떤 급에 속할까요? 신동엽의 「산문시 1」을 소개하는 것으로 글을 마칠까 합니다.

> 스칸디나비아라든가 뭐라구 하는 고장에서는 아름다운 석양 대통령이라고 하는 직업을 가진 아저씨가 꽃 리본 난 딸아이의 손 이 끌고 백화점 거리 칫솔 사러 나오신단다. 탄광 퇴근하는 광부鑛夫들의 작업복 뒷주머니마다엔 기름 묻은 책 하이데거 럿셀 헤밍웨이 장자莊子 휴가여행 떠나는 국무총리 서울역 삼등대합실 매표구 앞을 뙤약볕 흡쓰며 줄지어 서 있을 때 그걸 본 서울역장 기쁘시겠오 라는 인사 한마디 남길 뿐 평화스러이 자기 사무실 문 열고 들어가 더란다. 남해에서 북강까지 넘실대는 물결 동해에서 서해까지 팔

랑대는 꽃밭 땅에서 하늘로 치솟는 무지개빛 분수 이름은 잊었지만
뭐라군가 불리우는 그 중립국에선 하나에서 백까지가 다 대학 나온
농민들 트럭을 두 대씩이나 가지고 대리석 별장에서 산다지만 대
통령 이름은 잘 몰라도 새 이름 꽃 이름 지휘자 이름 극작가 이름은
훤하더란다 애당초 어느 쪽 패거리에도 총 쏘는 야만엔 가담치 않
기로 작정한 그 지성知性 그래서 어린이들은 사람 죽이는 시늉을 아
니하고도 아름다운 놀이 꽃동산처럼 풍요로운 나라, 억만금을 준대
도 싫었다 자기네 포도밭은 사람 상처 내는 미사일기지도 탱크기지
도 들어올 수 없소 끝끝내 사나이나라 배짱 지킨 국민들, 반도의 달
밤 무너진 성터가의 입맞춤이며 푸짐한 타작소리 춤 사색思索뿐 하
늘로 가는 길가엔 황토빛 노을 물든 석양 대통령大統領이라고 하는
직함을 가진 신사가 자전거 꽁무니에 막걸리병을 싣고 삼십리 시골
길 시인의 집을 놀러 가더란다.

「산문시 1」

우주적
가족주의

장재

낭나라시대에 중국 시성사를 장악한 것은 불교와 도교였습니다. 중국에서 불교와 도교의 역사를 보면, 모두 정치적 혼란기에 큰 영향력을 행사합니다. 외부의 침략이나 전쟁, 국가 위기나 자연재해가 극에 달할 때, 사람들은 현실에서 현실적 위안을 찾지 못하고 대안적 세계를 꿈꾸게 되지요. 거기서 종교는 자리 잡고 성장합니다.

불교의 공空사상이나 노자철학의 무無사상은 현실의 권위를 비판하고 지배적인 이데올로기를 약화시키는 순기능을 하기도 하지만, 극단으로 치달을 때에는 현실도피적이고 허무적인 태도를 강화하는 역기능으로 작동하기도 했지요. 특히 현실 변혁을 목표로 하는 유학자들에게는 불교와 도교의 세계관과 대결하는 것이 매우 중요한 과제였습니다.

그동안 중국을 지배했던 불교와 도교의 그늘에서 벗어나 새로운 유학을 탄생시킨 시기, 귀족 중심 지배 체제에서 지식인사대부 중심 황제 체제로 바뀌는 시기, 북방 민족의 외환外患에도 불구하고 경제적 번영과 인쇄 문화가 발전했던 때가 바로 송나라 시기입니다. 그 시기에 새로운 유학을 모색한 사람이 장재張載, 1020~1077입니다. 오랜 시간을 횡거진橫渠鎭에서 살았기에 장횡거張橫渠 선생으로 알려지기도 했지요.

솔직히 사상의 깊이나 내용의 폭으로 치면, 유가는 불가나 도가를 따라갈 수가 없습니다. 공자시대부터 맹자까지 이어지는 원시 유교에는 정치철학과 수양론은 있었지만, 불가나 도가가 가지고 있는 방대한 형이상학적 체계는 없었습니다. 그리고 불가나 도가가 가지고 있는 복잡한 인식론과 논리학도 없었습니다. 좀 심하게 말하면 공무원이 되기 위한 실용서는 될지 모르지만 심오한 철학서로는 함량이 많이 부족했지요. 애당초 공자는 철학 체계를 구성하려는 욕심이 없었다고 생각합니다. 나를 수양하고 나라를 바로잡고 싶은 정치가에게 형이상학적 체계를 구성하지 못했다고 비판하는 것 또한 정당하지 않지요. 그래서 원래 유학이 불가나 도가에 비해 내용이 부족하고 체계가 덜 잡힌 것을 지나치게 비판하는 것은 온당하지 않습니다.

하지만 불가, 도가와 대결해야 하는 새로운 유학은 이러한 문제를 해결함과 동시에 불가와 도가를 넘어서야만 한다는 이중 과제를 수행해야 했습니다. 이러한 과제를 수행하기 위해서는 불가와 도가를 비켜가지 않으면서 그것을 뛰어넘을 수 있어야 했습니다. 적을 의식하면서 적을 넘어서기! 장재에게 맡겨진 임무는 바로 이런 것이었습니다.

장재는 사대부 집안에서 태어났지만 그의 집안은 벼슬과 별로 인연이 없는 한미한 집안이었습니다. 아버지가 벼슬을 하기는 했지만 고향에서 멀리 떨어진 곳에서 근무해야 했기 때문에 장재는 어렸을 때부터 자립적으로 성장해야 했습니다. 유학자 집안에서 태어났지만 유학 경전에만 머물지 않고 비교적 자유롭고 폭넓은 독서를 했습니다. 병법에 관한 책에서 천문학, 유가, 불가, 도가의 책들을 깊이 있게 읽고 탐구했습니다. 후에 장재가 불가나 도가를 상세히 비판할 수 있었던 것도 바로 폭넓은 독서 경험 덕분이었지요.

천기의 기는 모이고 흩어지고 배척하고 흡수하는 작용이 여러 갈래로 나타나지만, 그 이치는 순리적이고 망령되지 않다. 기는 흩어져서 형체가 없는 상태로 들어가게 되면 본래 모습을 얻게 되고, 모여서 형상을 갖게 되더라도 본성을 잃지 않는다. 태허太虛에는 기가 없을 수 없고 기가 모여서 만물이 되지 않을 수 없으며, 만물은 흩어져 다시 태허가 되지 않을 수 없다. 이러한 과정을 따라 나가고 들어오고 하는 것은 모두 부득이한 것이다. 그러므로 성인聖人은 이러한 이치에서 도리를 다하며, 기의 형체가 있는 상태에서나 없는 상태에서나 조금도 곤란함이 없는 자이니, 그 신묘함이 지극하다.

저 불교도들은 형체 없음의 세계만 강조할 뿐 형체 있음의 세계
는 무시하며, '형체 있음의 세계에 집착하는 자(도가)'들은 사물에 얽
매여 변화하지 못한다. 이 부류는 비록 차이가 있기는 하나, 도를
잃어버리는 것으로 말하자면 마찬가지다.

_「정몽正蒙」

장재의 주저인『정몽正蒙』제일 처음에 나오는「태화太和」편에 있는 구
절입니다. '정몽正蒙'이라는 말은 '무지몽매함(蒙)을 바르게 고친다(正)'는
뜻이지요. 위 구절에서 제일 먼저 눈에 띄는 것은 원시 유학에서는 발견
하기 힘든 우주론이 나온다는 점이지요. 그것도 관찰 우주가 아닌 형이
상학적 우주론 말입니다. 태허(기)에서 만물이 나오고, 만물이 흩어져 다
시 태허가 된다는 것은 순환론적 우주관을 소박하게나마 원형적으로 표
현하고 있습니다. 이러한 장재의 사상을 철학적으로는 기일원론氣一元論
이라 말하지요. 모든 것을 기氣의 이합집산으로 설명한다는 점에서 후대
에는 유물론적 관점이라고 평가하기도 합니다. 그 설명이야 어찌되었든
만물의 생성과 변화, 소멸에 대해 통일적이고 우주적인 설명을 하였다
는 것은 그 의의가 크다 하겠습니다.

서양철학의 시초를 탈레스Thales가 '만물은 물'이라고 말한 데서 시작
한 것은 신화적인 설명을 넘어서 사물을 사물의 구성요소와 작동원리로
설명하는 과학적 방식을 채택했기 때문이라면, 장재의 태허론太虛論은
'만물은 기'라고 설명함으로써 유학적 우주론을 열었다고 말할 수도 있

을 것 같습니다.

재미난 것은 그러한 자신의 견해를 설명한 이후 이를 불가의 입장과 도가의 입장을 두고 대비적으로 설명하면서 자신의 견해가 그러한 입장보다는 우월한 설명 방식임을 설명하는 대목입니다. 이는 한편으로는 불가와 도가를 넘어서려는 시도였다고 평가할 수도 있지만, 다른 한편으로는 자신의 이론적 경합자로 불가와 도가를 늘 의식했던 당대 지식인의 모습을 고스란히 반영하고 있다는 방증이기도 합니다.

그렇다면 장재의 세계관은 도대체 불가나 도가의 세계관과 어떠한 차별성을 갖는 걸까요? 불교적 세계관에 따르면 이 세계는 본질적으로 '무無'입니다. 변하지 않고 영원한 것은 없으며 모든 존재는 변화하고 일시적으로 존재하는 기합적 존재에 불과합니다. 그러기에 공空합니다. 한편 노자적 세계관에 따르면 "유는 무에서 생겨납니다." 그러기에 유위의 정치를 부정하고 무위의 정치를 주장하는 것입니다. 하지만 장재는 "유에서 유가 생겨날 뿐, 무에서 유는 생길 수 없다"라고 보았습니다. 장재의 기일원론은 그러한 유의 세계관이지요. 허황된 없음의 세계에 현혹되지 말고 우리 삶의 근거가 되는 있음의 세계관을 따르라고 말하고 있습니다.

장재의 기일원론을 좀 더 자세히 설명해보면, 본래 기는 형태도 없고 감각으로도 파악할 수 없는 온전한 고요의 상태입니다. 이를 장재는 태허太虛, 큰빔 또는 태화太和, 큰조화라고 말합니다. 그러나 그것이 현상세계에 나타날 때에는 음과 양이라는 이기二氣의 움직임의 결과로 나타납니다. 그렇게 나타나는 현상을 장재는 객형客形, 손님현상이라고 표현했습니다. 우리가 살고 있는 세계가 참으로 다양하고 변화무쌍한 모습을 띠는 것은 모두 이 객형이지요. 손님은 일시적으로 머물다가 가지만 주인은 항상 있는 것처럼, 객형은 결국 태허로 돌아갈 수밖에 없다고 보았습니다.

그러므로 성인은 이러한 이치를 깨달아 본래의 성품으로 돌아와야 하며, 이를 일러 지성이라고 말하는 것이지요. '지성至誠'이란 하늘의 모습(誠)에 도달하고자 하는 인간의 노력이지요.

장재의 이러한 시도는 불가와 도가에 대한 안티테제 역할을 함과 동시에 유가에 진테제 역할도 수행하려는 것이었습니다. 다시 말해 유가의 우주론은 넓이로는 우주론으로 그치는 것이 아니라 인간론으로 더 나아가 사회이론으로 확장되어야 하며, 깊이로는 수양론으로 수렴되어야 했습니다. 다음 구절을 볼까요?

건乾은 하늘로서 아버지라고 불리고, 곤坤은 땅으로서 어머니라고 불린다. 나는 여기서 조그만 모습으로 그 가운데 뒤섞여 있다. 하늘과 땅에 가득 찬 것을 내 몸으로 삼고, 하늘과 땅을 이끌고 가는 것을 내 본성으로 삼는다. 사람들은 모두 한 배에서 난 형제이고, 만물은 나와 함께 있는 동료다. (…) 무릇 천하의 노쇠한 이, 불구자, 형제 없는 사람, 자식 없는 사람, 홀아비, 과부 등은 모두 나의 형제들로서, 환난을 겪으면서도 하소연할 데 없는 불쌍한 사람들이다.

_『정몽』

『정몽』의 마지막 장인 「건칭乾稱」 편의 첫머리에 나오는 구절입니다. 이 구절을 맹자가 읽었더라면, 묵자의 무리라고 비판할 만한 내용이지요. 맹자는 묵자를 비판하기를 '무부無父', 즉 아비도 못 알아보고 다른 아비와 같은 급으로 대우하려는 무뢰배라 하였습니다. 물론 묵자는 맹자에 대하여 자기 부모만을 섬기며 다른 부모를 외면하는 소인배라고 비판했겠지요. 그런데 보세요. 장재는 자신의 우주론으로 인간뿐만 아니라 만물조차 동료로 끌어안고 있습니다. 맹자와 묵자의 논쟁을 무색하게 만들었네요. 철학의 사이즈가 윤리학의 사이즈를 만들어내는 것일까요?

현대 윤리학자 피터 싱어Peter Albert David Singer는 프랑스 수학자 루카E. Lucas가 고안한 '하노이 탑the Tower of Hanoi'을 윤리적 세계에 적용하여 탑 모형을 제시하였네요. 이러한 모델에 따르면 위로 올라갈수록 폐쇄적 윤리를, 아래로 내려갈수록 개방적 윤리를 표현하였습니다. 즉, 맹자〈묵자〈장재 순으로 개방적 윤리에 가까운 모델을 가지고 있다고 볼 수 있습니다.

적어도 하늘을 아비 삼고 땅을 어미 삼을 수 있는 사람이라면 세상의 모든 만물을 동료로 생각할 수 있지 않을까요?

한편 다른 세계 윤리학자인 한스 큉Hans Küng은 세계 윤리를 정의하면서 "배려의 범위가 가장 넓혀진 윤리"라고 말합니다. 그러니까 세계 윤리는 현재뿐만 아니라 과거와 미래 세대까지를 포함한 모든 사람을 배려하고, 더 나아가 이 지구상의 모든 생명체와 생태계 전체를 보전해야 할 책임을 우리에게 일깨우고 있다고 주장하지요. 이러한 현대 윤리학자의 견해와 장재의 견해가 그렇게 먼 것일까요?

한편 현대 종교학자 카렌 암스트롱Karen Armstrong 여사는 자신의 주저 『축의 시대The Great Transformation』에서 인류의 보편적 종교가 가지고 있는 특징으로 자기비움과 타인에 대한 배려를 꼽았습니다. 그리고 이러한 정신을 한마디로 공감compassion이라고 표현합니다. 장재식으로 표현하면 '큰마음(大心)'이라 하겠네요.

마음을 크게 하면 천하의 사물들을 체득하게 된다. 사물을 체득하지 못하면 마음과 사물 사이에 간격이 있게 된다. 세상 사람들의 마음은 듣고 보는 편협한 데 머물지만, 성인聖人은 본성에 극진하여 보고 듣는 것에 마음을 잡아두지 않아, 그가 천하를 볼 때에는 어느 물건 하나 자신과 같지 않은 것이 없다.

_「정몽」

장재의 새로운 유학은 우주론적 사유를 장착하면서 이론적 규모를 방대하게 만들어놓습니다. 그에 따라 그의 윤리관 역시 기존의 씨족적 가족주의를 넘어서는 우주적 가족주의로 확장됩니다. 이 방대한 공간에 촘촘하고 성대한 이론을 구축한 사람은 후대의 유학자 주희이지만, 주희가 놀 수 있는 이론적 전장의 사이즈를 넓혀놓은 사람은 분명 장재라고 할 수 있습니다. 무릇 넓고 높은 건물을 쌓아올리기 위해서는 기초가 넓고 튼튼해야만 하겠지요. 바로 그 위치가 새로운 유학에서 장재가 차지하는 위치입니다.

모든 강에
달이 비추고

주희

최근에 꾼 꿈 이야기를 들어보시겠어요?

꿈에 사람들이 제게 물었습니다.

"하느님이 어디에 있어?"

저는 대답을 하지 못했어요.

화가 나기도 하고, 답답하기도 해서 날아가는 참새에게 물었지요.

너는 하느님이 어디에 있는지 아느냐고.

그러자 날아가던 참새가 깔깔대며 제게 말했습니다.

"바보야, 세상에는 하느님밖에 없어."

이 말을 듣고 저는 화들짝 꿈에서 깨었지요. 지금 생각해도 참 묘한 꿈

이네요.

중국 사상사에서 유교의 가장 커다란 변곡점은 송대에 형성됩니다. 앞서 새로운 유학을 모색했던 사상가가 많았지만, 이러한 노력을 종합하고 체계화한 것은 주희朱熹, 1120~1200였습니다. 한국의 젊은 철학자 강신주는 자신의 책『철학 vs 철학』에서 주희를 이렇게 소개하였습니다.

> 서양철학사의 '저수지'가 칸트였던 것과 유사하게 유학, 불교 그리고 도가 철학의 사유 경향이 합류하는 동양철학의 저수지에 해당하는 중국 남송시대 최고의 철학자. 하늘의 달이 천 개의 강에 달그림자를 드리운다는 이미지를 지닌 이일분수理一分殊는 그의 형이상학적 체계의 핵심이었다. 이를 통해 그는 외적인 격물치지 공부나 내적인 함양涵養 공부가 모두 상이해 보이지만 동일한 달그림자에 대한 공부라고 설명할 수 있었다. 물론 두 가지 공부의 최종 목적은 하늘에 떠 있는 하나의 달과 같은 대극太極에 대한 직관에 있었다. 그의 저서로는『주회집』,『주자어류』 등이 있다.
>
> _『철학 vs 철학』

철학자 강신주가 주자를 서양철학자 칸트와 비교했다면, 저는 제가 쓴 책『처음 만나는 우리 인문학』에서 주자를 기독교 사상가 바울에 비교한 적이 있습니다. 볼까요?

성리학이 무엇입니까? 송대의 주자가 집대성한 학문체계이자 조선조를 관통하는 '사유ー실천 체계'가 아니겠습니까. 동양의 예수가 공자라면, 주자는 동양의 바울쯤으로 비유될 수 있을 것입니다. 공자에서 출발했던 유학 전통의 명맥이 위태로울 즈음, 유교적 사상 체계에 노장사상과 불교철학을 녹여 새로운 유학Neo-Confucianism을 주창했던 주자는 원시 기독교 사상을 로마화하여 국제적인 종교로 정립했던 바울과 오버랩됩니다. 성리학이 조선조의 국학이 된 것이나 기독교가 로마의 국교가 된 것 역시 주자나 바울 없이는 불가능한 것이었습니다.

_「처음 만나는 우리 인문학」

강신주가 주자사상의 핵심에 주목했다면, 저는 주자가 차지하는 철학사적 지위를 강조한 것이지요.

이번에는 강신주가 소개한 이론적 논의를 따라가볼까요? 우선 이일분수. 말 그대로 해석해보면, "이치는 하나지만, 현상은 다양한 모습으로 나타난다." 개념 설명이 어려울 때는 비유를 드는 것이 가장 좋아요. 주희가 비유를 든 소재는 달과 강입니다.

이것은 마치 물속에 달이 있는 것과 같다. 반드시 이 물이 있기에 비로소 하늘 위에 달을 비출 수 있으니, 만약 이 물이 없다면 결국

물에 비친 달도 없게 될 것이다.

_「주자어류朱子語類」

원래 이 비유는 불교에서 온 것입니다. 부처님의 공덕이 온 천하에 골고루 비춘다는 '월인천강月印千江'을 이용하여 부처님 자리에 '이理'를 바꿔놓은 것이지요. 불교의 유교적 차용이라고 해야 할까요? 당대 중국인에게 불교적 비유는 아주 친숙한 것이었기에, 이를 이용하여 유교적 원리를 설명하려는 주희의 발상이 재미납니다. 그러면 강의 자리를 차지하는 유교적 개념은 무엇일까요? 그게 바로 기氣입니다.

그렇다면 이와 기 중에서 주희가 강조한 것은 무엇일까요? 그것이 바로 이입니다. 세상의 도리(理)는 다양한 현상(氣)을 통해서 드러나게 된다는 밑에서 주이의 위치를 차지하는 것이 바로 이잖아요. 앞에 다루었던 장재의 기일원론을 계승하되, 기가 가지고 있는 무목적성에 목적성을 부여한 것이 바로 이인 셈이지요.

불교의 목석이 모든 중생 속에서 부처를 발견하는 것인 것처럼, 주희가 탐구했던 유학의 목적은 사물 속에 내재되어 있는 이를 깨닫는 것이었지요. 그래서 주희의 유학을 성리학―성기학性氣學이 아니고―이라고 하지요. 모든 사물에 담겨 있는 이 이치를 깨닫는 것이 바로 주희 유학의 목표인 셈입니다.

이러한 이기론理氣論은 후대에 와서 존재론적으로 이가 먼저냐, 기가 먼저냐를 묻는 논쟁으로 복잡화되고, 그것이 바로 조선조 이황의 주리론主理論과 이이의 주기론主氣論으로 나타나기도 합니다. 또한 둘의 관계를 둘로 보아야 하느냐, 하나로 보아야 하느냐를 둘러싸고 이기이원론理氣二元論이냐 이기일원론理氣一元論이냐는 논쟁으로 확산되기도 하지요. 하지만 이를 해명하는 것이 이 글의 목적이 아니니 생략하겠습니다. 다만 조선조의 대유학자들이 이를 둘러싸고 오랜 기간 논쟁을 벌였던 것이 단순히 학문적 관심사에 그치는 것이 아니라 당대의 정치 현실을 극복하기 위한 실천적 논쟁이었다는 점은 기억할 필요가 있습니다. 모든 형이상학적 논쟁의 이면에는 그를 둘러싼 현실적인 필요성이 항상 있었던 셈이지요.

어쨌든 주희의 '이일분수' 개념을 통해 우리가 확인해야 할 지점은 우주 만물을 관통하는 이치—주희는 이를 '태극太極'이라 보았습니다—가 모든 만물에 내재되었다고 보았다는 점입니다. 불교적으로 말하면 모든 중생이 곧 부처란 말이지요.

그런데 왜 사람들은 자신이 부처임을 깨닫지 못하고 살아가는 걸까요? 유교적으로 표현하면 왜 인간은 존재의 도리道理를 알지 못하고 자신의 욕망대로 살아가는 것일까요? 이 지점에서 등장하는 것이 바로 유교의 공부론, 함양론이라고 할 수 있습니다.

이를 설명하기 위해 다시 월인천강의 비유를 들어야겠습니다. 하늘의 달은 이지러짐 없이 그 상태를 유지하지만, 그 달을 비춘 강의 조건에 따라 달 모양이 달라집니다. 심하게 일렁이는 강에는 이지러진 달이, 호수처럼 잔잔한 강에는 본래의 달이 비춰지지요. 이처럼 사람들의 본성은 하늘의 도리를 고스란히 받아들일 수 있지만, 욕망은 일렁이므로 그 도리가 온전한 형태를 취할 수 없어요. 그러기에 육체의 욕망을 따르려는 태도를 버리고, 자신의 상태를 '명경지수明鏡止水' 같은 잔잔하고 고요하며 맑은 상태로 유지하려는 공부(수양)가 필요하게 되지요. 요즘 유행하는 일종의 '마음공부'가 필요하다는 말입니다.

그런데 주희의 공부를 '마음공부'에만 국한하는 것은 주희가 강조한 것의 반만 이야기하는 것입니다. 주희는 '마음공부'만큼이나 '사물공부'도 강조했어요. 이른바 '격물치지'라는 말이 주희에게 중요한 것은 이 때문이지요. '격물치지'는 『대학大學』에 나오는 8조목 중 일부입니다. 8조목은 격물格物, 치지致知, 성의誠意, 정심正心, 수신修身, 제가齊家, 치국治國, 평천하平天下를 밀합니다. 이 중에서 우리에게 익숙한 부분은 아마도 수신 이후에 나오는 조목들이지요. 수신 앞에 나오는 4조목은 낯설지요? 이 중 격물과 치지는 사물공부이고, 성의와 정심은 마음공부라면 좀 쉽나요? 주희는 이 격물치지에 대하여 『대학장구大學章句』에서 다음과 같이 설명합니다.

태학(요즘의 대학)에서 처음 가르칠 때에는 반드시 배우는 사람들로 하여금 천하의 사물에 나아가 자신이 이미 알고 있는 이에 근거하여 더욱 연구해서 지극한 곳에 이르게 하도록 했다. 그런 식으로 오랫동안 공부하면 어느 날 하루아침에 '갑자기 비약적으로 이를 깨닿게 될 것이니, 그렇게 되면 만물의 겉과 속, 정밀한 것과 거친 것을 모두 파악하게 되고, 동시에 우리 마음의 완전한 본래 모습과 커다란 작용도 모두 밝혀지게 될 것이다.

_「대학장구大學章句」

세상 만물을 이의 눈으로 관찰하다 보면, 어느 날 갑자기 세상 만물 속에 이가 있음을 확실히 깨닫게 된다는 말입니다. 주희는 이렇게 갑작스럽고 비약적인 깨달음의 순간을 '활연관통豁然貫通'이라 표현했습니다. 불교적으로 표현하면 돈오頓悟라고 할까요?

글의 처음에 제가 꿈 이야기를 했지요. 그 꿈에서 저에게 가르침을 준 것이 참새잖아요. 이 참새의 태도가 바로 주희의 태도가 아니었을까요? 저는 혼탁한 마음으로 세상을 살아가기 때문에 사물 속에 있는 이(하느님)를 발견하지 못했지만, 참새는 그 마음이 순수하여 온갖 사물 속에서 이를 발견한 셈이지요.

새 이야기로 시작했으니 새 이야기로 끝맺겠습니다. 박지원朴趾源의 글에 다음과 같은 이야기가 나옵니다.

아침에 일어나니 푸른 나무 그늘이 드리운 뜰에 여름새들이 짹짹 울고 있더이다. 나는 부채를 들어 책상을 치며 이렇게 외쳤소이다. '저것들이야말로 飛去飛來(날아가도 날아온다)라는 문자이고, 相鳴相

和(서로 울며 화답한다)라는 글이다. 아름답게 빛나는 게 문장이라고 한다면 저보다 더 훌륭한 문장은 없으리라. 오늘 나는 글을 참 잘 읽었노라!

_「연암집」

나라 잃은 백성의
철학

왕부지

———

　모든 철학자는 시대의 자식입니다. 그의 사고와 문제의식은 모두 그가 처한 시대 상황에서 생성된 것입니다. 그가 비록 고대의 전적을 끄집어내고, 현실과 동떨어진 형이상학적인 이야기로 사상을 포장하더라도, 결국 그의 철학적 탐구는 시대 문제에 답하는 하나의 방식일 수밖에 없습니다. 관념론적 철학자라 해도 그 운명에서 한 치도 벗어날 수 없습니다. 시대를 초월하여 보편성을 획득했다 하더라도 마찬가지입니다.

　그래서 철학자의 사상을 연구하는 것은 한편으로는 그의 저술에 대한 내재적·논리적 정합성을 따져 묻는 것이어야겠지만, 다른 한편으로는 그가 속해 있는 시대에 그가 반응하는 방식을 살펴봐야만 합니다.

중국 철학자 왕부지王夫之, 1619~1692는 명나라가 멸망하고 청나라가 세워지는 시대에 살았던 명나라의 지식인입니다. 몰락한 나라의 지식인! 이 말처럼 그의 정체성을 정확히 휘감을 말은 없습니다.

명대 말엽에 태어나 유학자로 교육받은 왕부지는 만주족이 세운 청나라가 한족의 명나라를 침범하자 맹렬히 저항했습니다. 의병을 조직하여 반청운동의 선봉에 섰지만 몰락하는 나라를 지킬 수는 없었습니다. 결국 그는 패망한 나라의 지식인으로 고향에 돌아가 나라 잃은 울분을 곱씹으며 학문을 탐구하고 저술에 힘쓰게 됩니다. 말년에 석선산石船山에 숨어 살아서 그를 선산선생船山先生이라고도 하지요.

왕부지는 명나라가 망하게 된 이유를 정치의 부패와 학문과 교육의 비현실성에서 찾았습니다. 그는 중국 역사를 연구하여 『독통감론讀通鑑論』, 『송론宋論』, 『상서인의尚書引義』 등의 저술을 남겼습니다. 일반적으로 유학자들은 공자의 전통을 이어받아 주나라의 봉건제를 칭송하는 견해를 취했지만, 왕부지는 역사 저술을 통해 이러한 견해에 반대를 표명합니다. 시대가 다르면 제도가 변하고, 제도의 임무는 백성을 섬기는 것이기 때문에, 각각 시대에 맞는 제도가 만들어진 것이라는 견해를 취합니다. 절대적 정치제도를 탐구하는 것이 아니라 형세에 따라 변화·발전하는 제도를 탐구하는 것이야말로 그가 역사를 탐구하는 태도였습니다.

형세는 일이 일어나는 근원이며 일은 형세가 만든다. 그러므로 일을 떠나서 이치는 없으며, 이치를 떠나서 형세는 없다.

_「상서인의尚書引義」

    이러한 그의 역사 탐구 태도는 이치를 먼저 탐구하고, 이치로부터 현실을 읽으려는 전통 성리학과 충돌할 수밖에 없었습니다. 주희가 정립한 성리학에 입각하면 이이치와 기기운 중 이치가 그 근원의 자리를 차지하지요. 그래서 성리학이라는 이름을 얻게 된 것입니다. 그런데 위의 인용구를 보면, '형세'와 '이치' 중 형세가 그 근원의 자리를 차지합니다. 후대의 철학자들이 왕부지의 철학을 '기일원론'이라고 규정한 것은 바로 그러한 이유 때문입니다.

    잠깐 논의를 샛길로 빼서, 이원론과 일원론, 초월론과 내재론, 불변론과 생성론의 문제를 얘기해볼까요? 모든 철학이 그런 것은 아니지만, 대략 다음과 같은 패턴을 따른다고 보면 대차가 없습니다. 이원론=초월론=불변론, 일원론=내재론=생성론!

    이원론을 주장하는 철학자들―대표적인 서양철학자는 플라톤, 동양철학자는 주희―은 변화하는 세상을 파악할 수 있는 불변의 이치를 발견하려고 합니다. 그리고 그 불변의 이치를 특권화하지요. 특권화된 이치는 초월적 지위를 가짐으로써 다른 것들을 인식하고 판단하는 기준이 되지요. 플라톤의 이데아론, 데카르트René Descartes의 이성론, 주희의 이기이원론 등이 대표적 사례라 할 수 있습니다.

한편 일원론을 주장하는 철학자들—대표적인 서양철학자는 니체, 동양철학자는 왕부지—은 세상의 변화를 초월적 기준을 가지고 판단하려 하지 않고, 세상의 변화와 생성의 원리를 세상 안에서 파악하려고 합니다. 따라서 변화 자체를 읽어내는 도구로서, 변화의 방향을 모색하려는 수단으로의 개념을 창안합니다. 마르크스의 유물론, 니체의 생성론, 왕부지의 기일원론 등이 대표적 사례이지요.

다시 본래로 돌아와, 왕부지는 기일원론의 입장을 확립하기 위해『주역』을 적극적으로 이용합니다.『주역』이야말로 세상의 변화와 생성을 설명하는 가장 좋은 책이었지요. 세상을 음과 양의 결합과 변화로 보는 주역은 왕부지 이전에 장재라는 기철학자에게 주목받은 바 있습니다. 장재의『정몽』중 일부분을 볼까요?

> 천기의 기는 모이고 흩어지고 배척하고 흡수하는 작용이 여러 갈래로 나타나지만, 그 이치는 순리적이고 망령되지 않다. 기는 흩어져서 형체가 없는 상태로 들어가게 되면 본래 모습을 얻게 되고, 모여서 형상을 갖게 되더라도 본성을 잃지 않는다. 태허에는 기가 없을 수 없고 기가 모여서 만물이 되지 않을 수 없으며, 만물은 흩어져 다시 태허가 되지 않을 수 없다. 이러한 과정을 따라 나가고 들어오고 하는 것은 모두 부득이한 것이다. 그러므로 성인聖人은 이러한 이치에서 도리를 다하며, 기의 형체가 있는 상태에서나 없는

상태에서나 조금도 곤란함이 없는 자이니, 그 신묘함이 지극하다.

_「정몽」

　왕부지는 장재의 이 기론氣論을 계승하면서 모든 것을 기의 취산聚散, 모이고 흩어짐으로 설명합니다. 그리고 그는 이 기를 초월하는 추상적 도道나 이는 없다는 견해를 취합니다. 오늘날의 철학적 용어로 표현하면 내재적 생성론의 견해를 취한다고 말할 수 있겠네요. 한편 우리가 경험하는 것은 기의 구체적 모습인 기器일 뿐이라고 말합니다.

　　천하에는 오직 기器만이 있을 따름이다. 도는 기의 도이며 기는
　　도의 기라 부를 수 없다.

_「주역외전周易外傳」

　여기서 우리는 추상적 원리로 세상의 변화를 설명하려 했던 명대 유학자들이 범한 오류에 대한 현실론적 비판을 읽을 수 있습니다. 명대 유학자들이 추상적 원리에 입각하여 탁상공론에 사로잡힘으로써 현실적 세력의 흐름을 읽지 못하고 청나라에 나라를 빼앗기고 말았다는 울분을 느낄 수 있습니다. 원칙과 원리(道)에 집착하다가 구체적인 사태(器)를 파악하지 못하는 지식인의 나약함에 대한 반성이라고나 할까요?
　그리하여 왕부지는 "천하에는 오직 기器만이 있을 따름이다"라는 과격한 결론에 도달한 것입니다. 그리고 지식인의 이론이란 바로 이 구체적

현실을 이해하는 수단이 되어야지, 이론이 현실을 압도하는 주객전도의 학문 태도는 바람직하지 않다는 견해를 취하게 되는 것입니다.

이러한 그의 사상은 실천론에도 그대로 드러납니다. 지식과 실천의 문제에서, 이전 성리학자들의 '지식이 실천에 선행한다'는 지선행후설知先行後說을 비판하고 '지식과 실천은 상호 의존한다'는 견해를 취합니다. 여기서 왕부지가 강조하는 것은 물론 실천입니다. 실천은 지식을 포함하지만, 지식이 실천을 대신할 수는 없습니다. 그것은 마치 수영 교본을 수십 권 읽어도 수영을 하지 못하는 것과 마찬가지입니다. 그렇기에 지식이 참다운 지식이 되기 위해서는 실천으로 효과를 인정받아야 한다는 견해를 취합니다. 지식만으로는 효과를 얻을 수 없다는 점을 강조하며, 실천이야말로 지식의 기초임을 확인합니다.

이러한 왕부지의 실천중심적 사상은 그의 기일원론적 세계관과 어울리며 나라 잃은 지식인의 철저한 자기반성을 대변하고 있습니다. 그리고 그의 이러한 견해는 리理 중심의 송내 성리학이 가지고 있었던 추상성과 심心 중심의 명대 양명학이 가지고 있던 관념성을 극복한 현실 이론으로 자리매김할 수 있었습니다.

문제는 이러한 왕부지의 철학이 당대에는 별로 알려지지 않았다는 것입니다. 그도 그럴 것이 그는 청나라가 들어서자 30대 초반부터 고향에 칩거하여 학문 탐구와 저술에만 몰두하고, 출사에는 관심이 없었기 때문이지요. 정작 그의 철학이 세상에 널리 알려진 것은 그가 죽은 후 200년이나 지난 청대 말엽이었습니다.

세계 강국들이 청나라를 침략하고, 이러한 열강들에 맞서 자신의 독자적 이론을 확보하고자 했던 일군의 지식인들은 왕부지의 사상을 접하고 열광하게 되었습니다. 그도 그럴 것이 그의 철학은 철저한 현실 인식 속에서 실천을 모색하는 근대철학의 특성을 담보하고 있었으며, 특히 기일원론은 당대 유행하던 유물론적 경향과 유사했으며, 변화와 생성을 강조하고, 제도의 민주적 확립과 실천, 지식인과 정치인의 부정부패 일소를 주장하였다는 점에서 낡아가는 청나라를 개혁하고 새로운 나라를 건설하려는 진보적 철학자들에게 많은 영감을 주었기 때문입니다. 특히 그의 기일원론적 사상은 중국의 공산주의 사상가이자 혁명가인 마오쩌둥에게 큰 영향을 주어, 공산정권 수립 후에 기철학자인 장재와 더불어 관념론에 맞선 유물론의 최고봉으로 인정받게 되었습니다.

그가 직접 지은 묘비명에는 이렇게 쓰여 있습니다.

유월석의 고독한 의분을 품었으나 이를 풀 수 있는 명이 아니었고
장횡거의 정학에 뜻을 두었으나 이를 이룩할 힘이 모자랐어라.
다행히도 온전히 이 언덕에 돌아왔으나
영원토록 근심을 품고 있도다.

_왕부지

나라를 위해 목숨을 바칠 기회도 얻지 못하고, 선학을 좇아 학문의 최고봉에 오르지도 못하고, 한을 품고 여기에 묻힌다는 나라 잃은 지식인의 고통과 분노가 고스란히 느껴지는 대목입니다. 하지만 그는 이런 말도 남겼습니다.

> 연못은 깊을수록 사물을 밝게 비추고,
> 청산은 봄날에 더욱 푸르다.
>
> _왕부지

비록 망국의 지식인이지만 학문을 깊이 하고 인격을 도야하여 후세에 이름을 남기겠다는 포부가 느껴지는 대목입니다.

카오스모스의
세계

대진

이안李安이 감독하고 양조위梁朝偉, 탕웨이湯唯가 주연을 맡은 〈색, 계〉는 '색의 세계'를 다룬 영화가 아니라, '색色과 계戒의 갈등'을 그린 영화입니다. 그래서 영어 제목이 〈Lust, Caution〉이지요.

연기에 재능이 있었던 왕치아즈(탕웨이)는 항일단체에서 활동하는 애인(왕리홍)의 지시로 친일파의 핵심 멤버인 정보부 부장 이(양조위)에게 접근하여 친해진 후, 이를 암살하는 임무를 맡게 되지요. 그러니까 왕치아즈는 적을 사랑하되 사랑하지 말아야 하며, 결국은 죽여야 하는 임무를 띠게 된 것인데요. "죽느냐, 사느냐"가 아니라 "사랑하느냐(色), 죽이느냐(戒)" 그것이 문제로다. 결말이 어떻게 되었을까요?

전통적인 중국 철학은 색色보다는 계戒를 강조하지요. 욕망의 긍정보다는 욕망의 절제와 통제를 통해 안정적인 마음을 얻고 질서 있는 사회를 건설하고 싶었던 것이지요. 들뢰즈식으로 말하면 탈영토화보다는 영토화를 통해 지배의 가두리 양식을 유지하고 싶었다고나 할까요? 이렇게 말하고 나니, 전통적인 중국 철학뿐만 아니라, 대부분의 철학이 계를 강조하네요. 플라톤의 '이데아론', 아리스토텔레스의 '형상론', 서양 중세의 '신론', 근대 데카르트의 '이성론' 그리고 공자와 순자의 '예禮론', 주희의 '리理론' 모두 욕망보다는 제도와 계율을 강조하는 철학적 흐름이라 볼 수 있어요.

'색'이 본능과 자연의 세계라면, '계'는 제도와 인위의 세계입니다. 색이 카오스chaos적 세계라면, 계는 코스모스cosmos적 세계이지요. 이 카오스의 세계를 긍정하면서도 그 속에서 질서를 찾으려는 노력은 없었을까요? 카오스모스chaosmos의 세계 말입니다.

청나라의 고승학자 대진戴震, 1724~1777에서 그러한 세계를 봅니다. 대진은 가난한 가정에서 태어나 책을 빌려 있으며 독학했습니다. 지방에서 치러지는 예비시험인 향시鄕試에는 합격했지만, 최종시험인 진사進士 시험에는 번번이 떨어집니다. 비록 시험에서는 떨어졌으나, 그의 학문적 세계는 깊고 넓었습니다. 특히 대진은 고증학적 입장을 추구합니다.

고증학考證學은 청대 학계의 주류를 이룬 학문의 한 방법으로, 폭넓게 자료를 수집하고 엄격한 증거에 입각하여 실증적으로 학문을 연구하는 태도가 특징입니다. 그래서 고증학을 '실사구시實事求是'의 학문이라고도 하지요. 그러니까 경전 하나를 연구한다 해도, 경전과 주해만 연구하는 것이 아니라 역사학, 음운학, 문자학, 금문학金文學, 지리학 등 광범위한 학문을 동원하여 경전의 진위와 본래 의미 등을 탐구하는 것이지요. 마치 범인을 찾는 탐정처럼 현장을 조사하고, 주변을 탐문하고, 흔적과 증거를 수집하고, 이를 종합하여 결론을 내리는 학문이 바로 고증학입니다.

대진은 바로 이러한 고증학의 대가였지요. 그런 대진의 능력을 알아본 사람이 바로 청나라의 건륭제였어요. 그는 대규모 학술 사업을 지원하고 경전을 집대성하도록 하였는데, 그 적임자로 대진을 선발하여 황실도서관인 사고전서관四庫全書館의 관리로 임명했어요. 그는 이곳에서 진귀한 책들을 많이 접할 수 있었고, 2년 후 황제의 특명으로 진사가 되어 한림원翰林院에 들어갈 수 있었습니다. 그 후로 대진은 지리학, 수학, 언어학, 경학 분야에서 50여 권의 책을 저술하거나 편집했지요.

대진은 '이리살인以理殺人'이라는 말을 했습니다. 송대의 유학적 풍토를 비판하면서 쓴 문장이지요. '이치(理)가 사람을 죽인다'는 말입니다. 송대 성리학의 핵심 문구가 바로 '성즉리性卽理'잖아요. 주희를 중심으로 이룩된 성리학은 인간의 정욕이나 감정을 부정하고, 초월적이며 정신적 원리인 리를 중심으로 세상을 설명하는 이기이원론을 주장했지요. 대진이 비판한 지점이 바로 이기이원론이었어요.

대진은 경전의 뜻이 잘못 풀이되고 이해되면, 그 영향은 단지 경전을 읽는 사람에게만 끼치는 것이 아니라 그 사회와 정치에까지 미쳐 잘못된 정치를 하고 되고 결국은 국가 전체에 안 좋은 결과를 초래한다고 보았습니다. 이러한 관점에서 송대 성리학은 '리'를 절대화하고, 삶의 근원적 욕구인 '기'를 부정하는 폐단을 낳았다고 본 것이지요. 이러한 성리학적 폐단을 바로잡기 위해서는 성리학을 잘못 이해하고 해석한 경전에 대한 엄밀한 연구와 고증이 필요하다고 보았지요.

그래서 쓰인 대진의 최고 명작이 바로 『맹자자의소증孟子字義疏證』이지요. 대진은 죽기 전에 스승에게 보내는 서신에서 이렇게 말합니다.

> 미천한 것의 저작 중 가장 큰 것이 『맹자자의소증』이라고 생각됩니다. 이것은 인심의 요체를 바로 했습니다. 지금 사람들은 이단이든지, 정통이든지 간에 의견에 착오가 많아, 이치가 사람을 죽이고, 백성에까지 폐해가 많아 이 책을 짓지 않을 수 없었습니다.
>
> _『맹자자의소증孟子字義疏證』

그런데 왜 하필 『맹자』를 연구한 것일까요? 『맹자』가 역사 속에 중요한 서적으로 등장하게 한 것은 바로 송대 성리학 대가인 주희였습니다. 주희는 성리학의 체계를 세우면서 중요한 유학 경전으로 책 네 권을 연구하고 주해합니다. 이른바 사서四書운동이지요. 논어, 맹자, 대학, 중용 네 권입니다. 주희가 이 네 권에 심혈을 기울인 연구를 통해 성리학을 세웠기에, 대진은 이 네 권 중 『맹자』를 다시 고증하여, 주희의 견해를 비판하려 했던 것이지요. 대진은 주희의 주석이 불교와 도교의 영향을 많이 받아, 유학 본래의 정신과 취지에서 벗어난 것이 많았다고 보았습니다. 그래서 주희가 주석한 맹자가 아닌, 맹자 본래적 의미의 『맹자』를 고증하려 했던 것이지요.

대진이 특히 주목한 개념이 바로 주희가 가장 강조한 이치(理)입니다. 대진은 고증학적으로 '이치'라는 개념이 경전에는 나오지 않음을 강조합니다.

> 육경과 공자, 맹자의 말씀을 보면, 그리고 그와 연관된 전기傳記와 여러 서적을 살펴보아도, 이치(理)라는 글자는 별로 보이지 않습니다. 그런데 요즘은 누구나 할 것 없이 이치를 들먹입니다. 이것은 송나라 때부터 시작된 습관입니다.
>
> _「맹자자의소증」

그러니까 이치는 이제 학문 용어가 아니라 사람들이 일반적으로 사용하는 일상용어가 되었지요. 문제는 이치라는 말이 자신에게 유리한 방식으로 사용되고 있다는 점입니다. 그럼 이 이치에 대하여 맹자는 뭐라고 말했을까요?

누구의 마음이나 동일하게 그렇다고 여기는 것을 '이치'라고 한다.

_『맹자』

대진은 이를 고증학적으로 접근합니다. 본래 이치(理)라는 한자는 '무언가 다른 것과 구별하게 해주는 결'의 뜻을 갖고 있습니다. 바람결, 숨결, 물결, 살결 등의 '결'이 바로 '이치'지요. 이런 관점에서 보았을 때, 맹자가 이야기한 '이치'는 사람들마다 고유하게 갖고 있는 것이며, 개별적 존재의 기질이나 조건과 밀접한 관련이 있는 것입니다. 모든 사람의 기질을 넘어선 보편적인 이치가 아니라, 개별적 사람마다 갖고 있는 것이 이치인 것이지요. 따라서 이치는 사람들의 일상사와 밀접한 관련이 있는 개념으로 재규정된 것입니다.

한편 대진은 '본성(性)'에 대하여 이렇게 말합니다. "본성은 음양과 오행에서 나뉘어 형성된 혈기血氣와 심지心知로서 사물을 구별해준다." 그렇다면 본성은 각 개체가 자신과 다른 것들을 구별하게 해주는 특성이 되는 것이지요. 사과와 배, 개와 고양이 등을 우리가 구별할 수 있는 것은 그것이 가지고 있는 고유한 본성이 다르기 때문이지요. 대진의 이러한 본성 이해는 보편적 인간에게 접근하는 것이 아니라 구체적 인간에게 접근하는 방식입니다. 사람마다 혈기와 심지가 다르다면, 각자가 제각기 다른 본성을 가지고 있다고 볼 수 있는 셈이지요.

대진은 이러한 혈기와 심지의 속성으로 욕구(欲), 감정(情), 지각(知)을 제시하지요. 우선 감각적 욕구는 우리 생명을 기르는 역할을 하고요. 감정은 관계를 통해서 만들어지지요. 지각은 그런 것들에 기초하여 의식적·윤리적 판단을 하게 됩니다. 그리고 이러한 속성 자체를 대진은 선하다고 봅니다. 성선설을 주장한 맹자의 사상과 같은 것이지요.

물론 대진은 이러한 본성이 위험할 수 있다는 것도 주목합니다. 맹자 또한 본래 선하다고 하여 결과적으로 선한 것은 아니라고 말했지요. 대진이 보기에 자신의 본성에만 따라 살게 되면, 다른 사람과의 관계에서 다른 사람의 처지를 고려하지 않은 판단을 하게 되고, 판단이나 행동이 한쪽으로 치우칠 수 있는 위험이 생기지요. 그래서 본성에 따른 욕구나 감정, 지각이 다른 사람과의 관계에서 잘 조절되어야만 한다고 생각했지요. 유교에서 말하는 '서(恕)'에 해당하는 윤리적 요청을 한 셈입니다. 그렇지만 대진이 말하는 '서'는 정언명령으로써 무조건적으로 지켜야 하는 덕목이라기보다는, 현실적이고 구체적인 관계 속에서 수립되는 역동적 태도이지요.

이러한 대진의 견해를 종합해보면, 대진은 추상적이고 초월적인 원리이자 보편적인 내적 덕목으로 강조되었던 성리학의 '이치'와 '본성'을, 경전이 가지고 있는 본래적 의미와 고증학적 탐구 결과에 입각하여 개별적이고 구체적인 개념으로 재해석했으며, 이를 통해 추상적인 윤리가 아닌 현실적이고 역동적인 행동 윤리를 마련하고자 했다는 점에서 경전 연구의 한 획을 그은 철학자라고 말할 수 있겠네요. 아울러 이치와 본성을 특권화한 개념으로 사용함으로써 추상화로 치달았던 성리학적 학문 태도를 되돌려 이치와 본성의 현실적 자리를 다시 마련했다는 점에서 '실사구시' 정신을 가장 잘 실천한 사람이라 할 수 있을 것입니다.

처음에 우리는 '색'과 '계'의 대립으로 이야기를 시작했는데요. 대진이야말로 '계'에 짓눌려 죽어가는 '색'의 세계를 긍정하고, 이를 적극적으로 활용하여 철학 세계를 구축한 사람이었습니다. 인간은 누구나 자신의 행복을 추구하는 본성을 가지고 있으며, 그 본성은 부정되어야 할 것이 아니라 권장되어야 하며, 그 본성을 억압하는 것은 생명 자체를 억압하는 것에 불과하다는 대진의 사상은 오늘날 인권과도 연결될 수 있는 지점입니다. 그리고 그 본성이 서로 충돌할 경우 절대적 윤리로 판단할 것이 아니라, 현실적이고 역동적인 관계 정립을 늘 새롭게 수립해야 함을 이야기한 유학자였지요.

그나저나 만약에 '색'과 '계'가 갈등한다면 결국 누가 이길까요? 이에 대한 대답에 따라 여러분의 철학은 갈릴 것입니다. 오늘은 이 문제를 술안주로 삼아, 한잔하시지 않으렵니까?

동양철학과 관련된 책은 이루 말할 수 없이 많습니다. 물론 이 책에서 다루고 있는 모든 사람이 다 중요한 인물로 다루어진 것은 아닙니다. 유학자나 노장사상가의 경우에는 헤아릴 수 없이 많지만, 그밖에 사람들의 경우에는 턱없이 부족한 것도 사실입니다. 참고한 책을 모두 소개해 드릴 수는 없지만, 그중 시중에서 쉽게 구할 수 있는 책을 중심으로 소개해드릴까 합니다. 물론 몇몇 책은 절판이 되어 중고서점에서나 살 수 있네요. 아래 소개된 책들은 제가 원고를 저술할 때 몇 번이고 펼쳐보았던 고마운 책들입니다. 지면을 통해서나마 저자와 출판사에 감사 인사를 드립니다. 그리고 부디 이런 책들을 많이 사고 읽을 수 있는 독서 환경이 되었으면 좋겠습니다.

가나다 순

『강의: 나의 동양 고전 독법』 신영복 저, 돌베개

『공자&맹자: 유학의 변신은 무죄』 강신주 저, 김영사

『관중과 공자』 강신주 저, 사계절

『근사록』 주희, 여조겸 편저, 홍익출판사

『깨달음으로 읽는 장자』 장길섭 저, 나마스테

『내 인생의 논어 그 사람 공자』 이덕일 저, 옥당

『네그리의 제국 강의』 안또니오 네그리 저, 서창현 역, 갈무리

『노자: 국가의 발견과 제국의 형이상학』 강신주 저, 태학사

『논어한글역주 1, 2, 3』 김용옥 저, 통나무

『논어, 사람의 길을 열다』 배병삼 저, 사계절

『논어: 참된 인간의 길을 묻다』 공자 원저, 김경윤 편저, 파란자전거

『논어』 공자 저, 김원중 역, 글항아리

『논형』 왕충 저, 이주행 역, 소나무

『누란』 현기영 저, 창비

『느림』 밀란 쿤데라 저, 김병욱 역, 민음사

『대당서역기』 현장 저, 권덕녀 역, 서해문집

『대동서』 강유위 저, 이성애 역, 을유문화사

『대진』 임옥균 저, 성균관대학교출판부

『대학, 중용』 주희 편저, 김미영 역, 홍익출판사

『도덕경』 노자 저, 오강남 풀이, 현암사

『도올 김용옥의 금강경 강해』 김용옥 저, 통나무

『동양고진 신책 1, 2』 기세춘 저, 바이북스

『동양을 만든 13권의 고전』 쑤치시 외 저, 김원중 외 역, 글항아리

『동중서: 중화주의의 개막』 신정근 저, 태학사

『두 중국의 기원』 전동현 저, 서해문집

『마흔, 논어를 읽어야 할 시간』 신정근 저, 21세기북스

『맹자 사람의 길』(상, 하) 김용옥 저, 통나무

『맹자: 바른 정치가 인간을 바로 세운다』 장현근 저, 한길사

『맹자, 진정한 보수주의자의 길』 이혜경 저, 그린비

『맹자자의소증·원전』 대진 저, 임옥균 역, 홍익출판사

『무문관 혹은 너는 누구냐』 한형조 저, 여시아문

『무문관』 오현 역해, 불교시대사

『무소유』 법정 저, 범우사

『묵자: 사랑 그리고 평화를 향한 참지식인의 길』 묵자 저, 박영하 편저, 풀빛

『묵자』 기세춘 역저, 바이북스

『벽암록』 조오현 역해, 불교시대사

『분서』 이지 저, 홍승직 역, 홍익출판사

『불교, 이웃 종교로 읽다』 오강남 저, 현암사

『붓다의 치명적 농담』 한형조 저, 문학동네

『삼민주의』 쑨원 저, 권오석 역, 홍신문화사

『생각하고 토론하는 중국철학이야기 1, 2, 3』 강신주 외 저, 이영규 외 그림, 책세상

『서유기』 오승은 저, 임홍빈 역, 문학과지성사

『선의 나침반』 숭산 저, 허문명 역, 김영사

『선의 황금시대』 존 C. H. 우 저, 김연수 역, 한문화

『선이란 무엇인가?』 스즈키 다이세쓰 저, 이목 역, 이론과실천

『선학강좌』 숭산행원 저, 이른아침

『세계의 고전을 읽는다』 정재서 외 편, 휴머니스트

『순자 1, 2』 순자 저, 이운구 역, 한길사

『순자』 순자 저, 장현근 역, 책세상

『스스로 깨어난 자 붓다』 카렌 암스트롱 저, 정영목 역, 푸른숲

『신완역 묵자』(상, 하) 김학주 역, 명문당

『신정근 교수의 동양고전이 뭐길래?』 신정근 저, 동아시아

『실천론 · 모순론(외)』 모택동 저, 김승일 역, 범우사

『아함경』 마스타니 후미오 저, 이원섭 역, 현암사

『열자』 열자 저, 김학주 역, 연암서가

『예수와 묵자』 문익환 외 저, 바이북스

『오직 모를 뿐』 현각 저, 물병자리

『왕충: 한대 유학을 비판한 철학자』 임옥균 저, 성균관대학교출판부

『왕필의 노자주』 왕필 저, 임채우 역, 한길사

『왜 동양철학인가』 한형조 저, 문학동네

『유학, 시대와 통하다』 김교빈 외 저, 자음과모음

『인설』 주희 저, 임헌규 역, 책세상

『장자&노자: 도에 딴지걸기』 강신주 저, 김영사

『장자, 차이를 횡단하는 즐거운 모험』 강신주 저, 그린비

『장자: 타자와의 소통과 주체의 변형』 강신주 저, 태학사

『장자』 장자 저, 안동림 역주, 현암사

『장자의 철학』 강신주 저, 태학사

『전습록』 왕양명 저, 김동휘 역, 신원문화사

『정몽』 장재 저, 장윤수 역, 책세상

『조화로운 삶』 헬렌 니어링 외 저, 류시화 역, 보리

『주역 왕필주』 왕필 저, 임채우 역, 길

『주희에서 정약용으로』 한형조 저, 세계사

『중국의 붉은 별』 에드가 스노우 저, 홍수원 외 역, 두레

『중론, 논리로부터의 해탈 논리에 의한 해탈』 김성철 저, 불교시대사

『중론』 용수 저, 김성철 역, 경서원

『지구전론, 신민주주의론』 모택동 저, 이등연 역, 두레

『차라투스트라는 이렇게 말했다』 프리드리히 니체 저, 정동호 역, 책세상

『처음 만나는 우리 인문학』 김경윤 저, 아포리아

『철학 vs 철학』 강신주 저, 그린비

『철학의 시대』 강신주 저, 사계절

『청소년을 위한 인문학 레시피』 김경윤 저, 삶창

『축의 시대』 카렌 암스트롱 저, 정영목 역, 교양인

『춘추번로』 동중서 저, 남기현 역, 자유문고

『플라톤의 국가, 정의를 꿈꾸다』 장영란 편역, 사계절

『한글세대가 본 논어 1, 2』 배병삼 저, 문학동네

『한비자 1, 2』 한비 저, 이운구 역, 한길사

『한비자 교양강의』 가이즈카 시게키 저, 이목 역, 돌베개

『한비자』 한비자 저, 김원중 역, 글항아리

『허접한 꽃들의 축제』 한형조 저, 문학동네

『혜능 육조단경』 혜능 저, 김진무 역, 일빛

『호모 에티쿠스』 김상봉 저, 한길사

『회남자&황제내경: 하늘, 땅, 인간 그리고 과학』 강신주 저, 김영사

『회남자: 고대 집단지성의 향연』 김성환 저, 살림출판사

『회남자: 한대 지식의 집대성』 이석명 저, 사계절